Eva M. Büsching

Tierisch einfach – Einfach tierisch

Eva M. Büsching

Tierisch einfach – Einfach tierisch

Rediroma-Verlag

Bibliografische Information der Deutschen Nationalbibliothek:
Die Deutsche Nationalbibliothek verzeichnet diese Publikation in der Deutschen Nationalbibliografie; detaillierte bibliografische Daten sind im Internet über http://portal.dnb.de abrufbar.

ISBN 978-3-98885-242-7

Umschlagillustration:
David Franklin, bigkai, ArtistMiki, febby medianie, nemlaza, baldyrgan, Wiktoria Matynia, Panda Vector, Vlad Klok, AnastasiaOsipova (shutterstock.com)

www.rediroma-verlag.de
9,95 Euro (D)

„Jeder dumme Junge kann einen Käfer zertreten. Aber alle Professoren der Welt können keinen herstellen.

Arthur Schoppenhauer, 1788 – 1860, Philosoph und Hochschullehrer

Die Autorin lebt mit ihrer kleinen Französischen Bulldogge vor den Toren von Hamburg.
„Tierisch einfach, Einfach tierisch“ ist ihr erstes Kinderbuch.

In liebevoller Erinnerung an meinen Hund Bobby
12.08.14 - 05.10.20
Danke, dass es dich gab.

Inhalt

Der falsche Hase

Dandelion und Carrot saßen verängstigt in ihrem Auslauf auf dem Balkon der Familie Müller, es war Osterzeit und wie immer an diesen gewissen Festtagen waren sie gefährdet, weil einige Menschen nun mal den eigenartigen Brauch frönten, sich zu Ostern einen Hasenbraten auf den Festtagstisch zu stellen.

Ein äußerst seltsamer Brauch, fand Dandelion, denn zu Weihnachten wurde ja auch kein Weihnachtsmann gebraten. Wieso es also zu Ostern ein Hase sein musste, war ihm völlig unverständlich.

Aber so waren sie nun mal, die Menschen, und so fürchtete Dandelion, dass dieses Jahr Ostern wohl das letzte für ihn und seine Schwester Carrot sein würde.

Ach ja, dachte er, sie waren beide jetzt drei Jahre alt und würden ihr Alter von zehn Jahren (wenn alles gut lief) wohl niemals erreichen.

Beide gehörten sie zur Rasse der Hauskaninchen, das ist die domestizierte Form des Wildkaninchens, aber heute werden Hasen und Kaninchen zu der Familie der „Hasenartigen“ gezählt. Wissenschaftlich nennt man sie „Lagomorpha“ oder auch „Oryctolagus cuniculus domesticus“ aber wer kann Letzteres schon aussprechen, ohne sich dabei die Zunge zu brechen?

Menschen neigten nun mal dazu, alles zu „Lateinisieren“, und da sie sich selbst als „Homo sapiens“ bezeichneten, was zu Deutsch einfach nur „vernünftiger Mensch“ heißt, konnte man sich gut vorstellen, was sie sich dann erst bei Tieren einfallen ließen.

Und wieso eigentlich „vernünftiger Mensch“? Na ja …, dachte Dandelion.

Umgangssprachlich wurde auf jeden Fall nur der Name „Stallhase“ benutzt und Dandelion fand, dass es das auch auf den Punkt brachte. Schon seine Mutter war praktisch veranlagt gewesen, als sie ihn Dandelion und seine Schwester Carrot nannte, was ganz einfach aus der englischen Sprache kam und schlicht und einfach Löwenzahn und Möhre oder Karotte bedeutete.

Jetzt saßen sie also hier in ihrem Auslauf, genau wie letztes Jahr zu dieser Zeit, und hatten ein sehr mulmiges Gefühl. Carrot hatte schon seit Stunden nicht mehr gesprochen und sich unter einer Holzkiste mit Heu verkrochen, die Ferdinand, der kleine siebenjährige Sohn der Müllers, vor zwei Tagen für sie beide aufgestellt hatte.

Ferdinand war ein sehr lieber Menschenjunge, der Carrot und ihn immer gut verpflegte und der seit letztem Jahr extrem gut auf sie aufpasste. Er schien seine Eltern gut im Griff zu haben, denn auch dieses Jahr hatte es wie im letzten einige Wutanfälle und Tränen bei Ferdinand gegeben, und vorher hatte zwischen den Eltern ein Gespräch stattgefunden, das die beiden „Menüplanung“ nannten.

Dandelion knabberte nachdenklich an einer Möhre, die eigentlich Carrot gehörte, aber diese war ein Angsthase und Angsthasen brauchen keine Möhren, um nachzudenken.

Eigentlich hatte seine Schwester ja recht, dachte Dandelion, letztes Jahr waren ihre anderen beiden Geschwister „Hare“ und „Long-eared“ (was auch wieder aus der englischen Sprache stammte, und einfach Hase und Langohr bedeutete,) von jetzt auf gleich am Karfreitag vor Ostern von Herrn Müller abgeholt worden, Ferdinand hatte daraufhin einen sogenannten Aufstand gemacht und an den Ostertagen selbst jegliches Essen verweigert.

Aus den Gesprächen der sogenannten Erwachsenen heraus, die auf dem Balkon standen, um frische Luft zu schnappen, verstanden Carrot und er folgendes.

Ferdinand liebte uns Hasen, aber eigentlich waren wir von seinen Eltern zum Schlachten angeschafft worden, und so waren „Hare“ und „Long-eared“ den menschlichen Fleischgelüsten zum Opfer gefallen.

Dandelion seufzte schwer auf, denn Carrot war danach nie wieder die gleiche Häsin gewesen und jetzt schien es so, als sollten sie beide dieses Jahr das gleiche Schicksal teilen, denn Carrot hatte ihm heute Morgen erzählt, dass Müllers gestern Abend wieder eine „Menü-Besprechung“ hatten, und da sie noch wach war, hatte sie diese Besprechung durch das gekippte Schlafzimmerfenster, das zum Balkon führte, mithören können.

Dieses Mal war von „Falschen Hasen“ die Rede gewesen, die es mit glasierten Möhren und Löwenzahnsalat zu Ostern geben sollte. Frau Müller meinte, da Besuch käme, würden sie besser gleich zwei machen, damit es auch für alle reichen würde.

Dandelion musste zugeben, dass das wirklich sehr bedrohlich klang, und er konnte durchaus verstehen, dass Carrot sich ängstlich zurückgezogen hatte, aber was konnte man tun, außer sein Schicksal zu akzeptieren? Ein Schauer lief ihm über seinen Hasenrücken und seine Barthaare sträubten sich.

So saß er nun ebenfalls verängstigt da und dachte nach. Vor zwei Wochen hatten Carrot und er diesen superschönen Auslauf bekommen, jetzt gehörte ihnen der große Balkon der Müllers fast ganz alleine. Auch das große Holzhaus, gefüllt mit Stroh, hatte Herr Müller extra für sie gebaut. Würden Menschen, die vorhatten, Hasenbraten aus ihnen zu machen, so etwas tun? Logisch war das nicht, aber dennoch, die Müllers hatten ja offensichtlich von „Hasenbraten“ gesprochen, allerdings von „Falschem Hasen“. Dandelion überlegte, was das bedeuten könnte. Manchmal steckte der Teufel ja im Detail. Menschen sagten oft Dinge, die sie gar nicht so meinten oder einen ganz anderen Zusammenhang hatten, als zu erwarten gewesen wäre.

Dandelion beschloss, jetzt ganz besonders darauf zu achten, was der kleine Ferdinand zu ihm sagte, vielleicht würde er so mehr erfahren. Es war ja noch etwas Zeit, denn von Karfreitag bis Ostern waren es ja zwei Tage und heute war erst der sogenannte „Gründonnerstag“, der Donnerstag vor Karfreitag also.

Erst mal ging Dandelion zu Carrot, drückte sie an sich und summte ihr das Lied vor, das ihre Mutter ihnen immer vorgesungen hatte, denn singen konnte Dandelion überhaupt nicht, und wenn, wäre ihm auch nicht danach zumute gewesen.

So summte er also „Häschen in der Grube“ und schleckte dabei beruhigend durch Carrots Fell. Von außen betrachtet sah das sehr süß aus und das Brummeln, was Ferdinand hörte, als er die Balkontür öffnete, fand dieser ebenfalls entzückend.

„Meine süßen Hasis“, sagte er und streichelte das Fell der beiden, „ihr seid meine besten Freunde und dieses Jahr zu Ostern werde ich einen Ausflug in den Garten hinterm Haus mit euch machen. Mein Papa ist grad dabei, ein eigenes kleines Hasendorf für euch beide dort anzulegen. Ich helfe ihm dabei und wenn es fertig ist, bekommen wir noch ein paar neue Hasis dazu, damit ihr nicht so alleine seid und Gesellschaft habt.“

Jetzt spitzten Dandelion und Carrot ihre Ohren. Was sie da hörten, war so unglaublich schön, dass beide sich ganz doll an den kleinen Ferdinand drückten und seine Hände abschleckten. Dieser musste lachen, weil das so kitzelte.

„Dieses Osterfest verbringen wir gemeinsam im Garten. Oma, Opa und Tante Frederike werden kommen und ihr werdet in euer großes neues Gehege kommen. Tante Frederike will sogar ihre beiden Meerschweinchen mitbringen. Die bleiben dann bei uns, weil Tante Frederike umzieht und kein Platz mehr für die beiden hat. Ich freue mich richtig doll darüber, das wird bestimmt ein tolles Fest."

Bei diesen Neuigkeiten bekamen Dandelion und Carrot ganz große Augen, was wiederum sehr niedlich aussah und Ferdinand zum Lachen brachte.

„Ich glaube, ihr beide versteht jedes Wort."

Sicher tun wir das, dachte Dandelion und drückte sich vor Freude ganz fest an seine Schwester. Nur die Sache mit den „Falschen Hasen" die kann ich nicht ganz nachvollziehen, aber was solls, solange wir damit nicht gemeint sind.

So kam es, dass am Ostersonntag Dandelion, Carrot und ihr neues Gehege zur Attraktion im Garten der Müllers wurden, mit den beiden Meerschweinen Guinea und Pig (Namen, die ebenfalls aus dem Englischen stammen und zusammengesetzt einfach nur „Guinea Pig", also Meerschweinchen, bedeuteten) verstanden sie sich sofort. Wie praktisch, freundlich und anpassungsfähig Tiere doch sind.

Sogar die Sache mit dem „Falschen Hasen“ klärte sich noch auf, als Frau Müller ihrer Schwägerin Frederike das Rezept für den wirklich köstlichen vegetarischen „Falschen Hasenbraten“ verriet.

Wodurch man jetzt ersehen kann, dass es IMMER für ALLE eine gute Lösung gibt und dass Kinder die Erwachsenen durchaus zum Umdenken anregen können.

Bald sollten noch acht Hasen und vier Meerschweinchen im Gehege Einzug halten und Ostern … tja, Ostern war jetzt auch für die Hasen dank Ferdinand ein richtiger Feiertag.

Der Held – Anton Meise kommt groß raus

Es stand in 15,5-Zentimeter-großen Buchstaben an seiner Eingangstür: „A. MEISE“, was eigentlich ja zusammen gelesen einfach Ameise heißt, in diesem Fall stand das A jedoch für Anton, denn in diesem Baueingang wohnte Anton Ameise ganz alleine und separat, was für eine Ameise schon etwas ganz Außergewöhnliches ist, denn ein Ameisenstaat besteht aus einigen Dutzend bis mehreren Millionen von Ameisen. In diesem Fall hatte Herr Meises Staat eine Anzahl von 1,9 Millionen Einwohnern. Zum Vergleich: Hamburg hat 1,8 Millionen, das sei hier nur mal kurz erwähnt, um die Mengenverhältnisse zu klären.

Anton gehörte zu dem Volk der Lasius-niger-Ameisen. Das ist Lateinisch und heißt Schwarze Wegameise, sie wird aber auch Schwarze Gartenameise genannt.

Nun hatte es mit Anton etwas ganz Besonderes auf sich, und das werdet ihr gleich erfahren. Vorher sollte man wissen, dass es weltweit 13.000 verschiedene Stämme mit circa 9500 verschiedenen Arten von Ameisen gibt. Die Anzahl aller Ameisen übersteigt der von uns Menschen bei Weitem, es sind sage und schreibe 10.000 BILLIONEN. Das ist eine Zahl mit schier unfassbar vielen Nullen am Ende, und deswegen wollen wir das hier mal, um es kurz zu machen, anders darstellen ... alle Ameisen zusammengenommen würden genau so viel wiegen wie alle Menschen dieser Welt, und das, obwohl sie so klein sind.

Wie schon gesagt, Anton hob sich aus dieser wimmelnden Masse erheblich ab, denn er war das, was man bei uns Menschen hochbegabt nennt, also sehr, sehr schlau.

Jetzt sollte man ja denken, dass, wenn man sehr schlau ist, alles viel einfacher ist, doch ganz das Gegenteil war der Fall, und das war auch der Grund, warum Anton einsam und alleine war, eine separate Wohnung mit eigenem Eingang besaß und sogar ein Namensschild an seiner Tür hatte.

Nun gibt es auch unter Ameisen Berufsgruppen wie bei uns Menschen. Es gibt eine Monarchie mit Königinnen und Hofstaat, Arbeiter(innen), Soldaten, Späher, und sogar Innen- und Außendienstler. Diese Berufe sind aber nicht festgelegt, sondern jeder kann zu jeder Zeit in einen anderen Beruf wechseln, den er dann genau so gut ausübte wie den Beruf, den er zuvor hatte. Das war sehr klug, denn so kann jederzeit jeder für jeden einspringen.

In so einem Ameisenstaat ist viel los und es wimmelt und krabbelt dort den ganzen Tag, gerade wenn der Staat sich in der Nähe von Menschen befindet. Zum Beispiel gibt es in einem Garten immer was zu tun, denn Menschen haben leider die unselige Eigenart mit ihren Füßen unüberlegt zuzutreten, und so kannte es vorkommen, dass ein paar Mal am Tag der Ausnahmezustand ausgerufen wird.

Auch an diesen Morgen hatte es schon dreimal einen Ausnahmezustand gegeben und Tausende von Soldaten mussten ausrücken, um diverse Ausbesserungsarbeiten auszuführen.

Anton stand vor seinem Eingang und sann nun darüber nach, was zu tun sei, um derlei Krisensituationen, die ja auch immer mit sehr vielen Todesfällen einhergingen, zu beenden. Das würde nicht einfach sein, dachte sich Anton, denn wie immer, wenn jemand etwas anders ist, war Anton ein Außenseiter und somit gehörte er nicht der üblichen Gemeinschaft an, und wer dieser nicht angehörte, dem wurde auch meistens nicht zugehört.

Anton war schon seit Jahren alleine. Die anderen Ameisen grüßten ihn zwar, gingen aber immer schnell weiter, um nicht in ein kluges Gespräch verwickelt zu werden und dann möglicherweise als dumm dazustehen.

Egal, was Anton auch versuchte, irgendwie fand er keinen richtigen Anschluss.

Heute hatte er sogar Geburtstag. Er wurde elf Jahre alt und hatte niemanden, der mit ihm gefeiert hätte. Wie traurig das ist, könnt ihr euch sicher vorstellen. Nichts ist schlimmer, als von anderen ausgeschlossen zu werden, nur weil man etwas anders ist.

Anton war ein großer Denker, suchte immer nach Lösungen und Antworten, hinterfragte alles, und jeden und konnte 20 Sprachen fließend sprechen. Nur was nutzte das alles, wenn ihm keiner zuhörte?

Irgendetwas musste anders werden, dachte Anton. Heute Morgen hatten die Menschen, die vor einem Jahr ihr Haus mitten in Antons Staat errichtet hatten, ihren Garten umgegraben und Rasen gesät. An den Seiten ihres Hauses, dort, wo jahrzehntelang die Ameisenstraßen entlangführten, hatten sie Ameisengift ausgelegt und so waren heute, an Antons Geburtstag, schon einige Hunderte seiner Mitameisen gestorben und jetzt waren die Menschen dabei, auf der Terrasse vor ihrem Haus und somit über Antons Wohnung Gartenstühle und einen Grill aufzubauen. Dabei hatte der Mann des Hauses, von ihm selbst ganz unbemerkt, mit seinen sogenannten Flipflops circa 300 Arbeiterinnen aus Antons weitläufiger Familie zertreten.

Nun, dachte Anton, es gibt nichts Gutes, außer man tut es. Ich spreche ja unter anderem auch die menschliche Sprache. Wenn ich nur nah genug an ein Menschenohr rankommen würde ...

Anton entschied, dass er ja eigentlich nichts zu verlieren hätte. Elf Jahre Einsamkeit waren auch ihm zu viel und so beschloss er, die nächstbeste Gelegenheit wahrzunehmen, um in die Nähe eines menschlichen Ohres zu kommen, um dort wiederum zu versuchen, sich Gehör zu verschaffen.

Bevor Anton zur Tat schritt, begab er sich zum Ameisenrat. Er erzählte dem Vorstand des Rates, was er vorhatte, um sein Volk zu retten, das ja durch die Unvorsichtigkeit der Menschen immer mehr dezimiert wurde.

Der Rat war erschrocken, denn so weit hatte noch niemand gedacht. Sie hatten einfach alles hingenommen, weil man es schließlich doch nicht ändern konnte.

Sicher hatte man schon darüber nachgedacht, das Volk umzusiedeln, aber letztendlich wohnte der Ameisenstaat schon über Generationen auf diesem Land und so hatte man beschlossen, die Verluste einfach hinzunehmen, weil man ja nichts ändern könnte, was nicht zu ändern wäre. Aber man muss es doch versuchen, sagte Anton. Wenn man über nichts redet, wird sich auch nichts ändern. Ich werde es versuchen und mache mich sogleich auf den Weg um einen Plan auszuarbeiten.

Zu alle, entschlossen und völlig außer Atem kam Anton in seinem Arbeitszimmer an. Dort rollte er die große Karte aus, auf der alle Ameisenwege und Straßen akribisch eingezeichnet waren.

Es nutzt alles nichts, dachte er, egal, was ich mache, es nutzt nichts, wenn ich es den Menschen nicht übermitteln kann. Anton grübelte und grübelte, was zu tun sei.

Draußen, vor seinem Eingang, sammelten sich derweil von ihm völlig unbemerkt Tausende von

Ameisen, der Rat hatte das Volk über Antons Vorhaben unterrichtet und so hatten sich viele Ameisen auf den Weg gemacht, um Anton zu unterstützen. Erst, als es draußen immer lauter wurde, wurde Anton darauf aufmerksam. Er öffnete seine Tür und konnte gar nicht glauben, was er dort sah. So weit das Auge reichte, sah Anton AMEISEN. Ein Ameisengeneral trat vor und teilte Anton im zackigen Ton mit, dass der gesammelte Ameisenstaat hinter Anton stehen würde und dieser nur sagen müsse, was erforderlich sei.

Von soviel Einsatz und Loyalität überwältigt schossen Anton Ameise die Tränen in die Augen. Er erkannte, dass er schon viel früher etwas hätte sagen sollen, aber noch war es ja nicht zu spät. Gemeinsamkeit macht stark und so arbeitete Anton mit dem General den ganzen restlichen Tag an einem strategischen Plan und am Abend war dieser fertig.

Es erforderte unglaublich viel Mut und Einsatzbereitschaft, doch sollte er gelingen, dann stünde einem friedlichen Miteinander mit den Menschen nichts mehr im Wege und jeder könnte nebeneinander existieren, ohne den anderen zu verletzen oder gar zu töten.

Am Abend legte sich der männliche Mensch des Hauses immer noch für eine Stunde in den Garten, um zu lesen und, wie der Mensch so sagte, zu relaxen. Das wollte der Ameisenstaat nun nutzen, um eine Formation aus Buchstaben zu stellen, die das

Wort HILFE bildeten, ganz dick geschrieben und in einem Meter großen Buchstaben.

Anton wollte ganz vorsichtig, damit es nicht zu sehr kitzelte, ins menschliche Ohr krabbeln, um dort leise seine Botschaft reinzuflüstern. Wenn alles gut ginge, würde nicht nach ihm geschlagen werden und er konnte die Aktion überleben. Wenn nicht, nun, dann war das wohl sein letzter Geburtstag. Man musste eben manchmal Prioritäten setzen.

Aber was soll ich lange erzählen, auch ihr wartet sicher darauf, wie die Sache ausgegangen ist.

Alles klappte wundersamerweise wie am Schnürchen. Als der männliche Mensch am einschlafen war, baute sich die Armee zu dem Wort Hilfe auf, Anton kletterte in die Ohrmuschel und sprach in wohlgeformten leisen Sätzen folgende Worte: „Wenn Sie Ihre Augen öffnen, sehen Sie gleich links vor Ihnen das Wort Hilfe. Eine Million Ameisen waren nötig, um dieses Wort zu formen, und es war eine logistische Meisterleistung, bitte erkennen Sie das an. Und bitte schlagen Sie nicht nach mir, ich bin total harmlos, genau wie mein ganzer Staat. Bitte hören Sie auf, uns zu töten, und achten Sie manchmal darauf, wo Sie hintreten.“

Versetzt Euch nun mal in die Lage von Herrn Neumann, dieser wollte gerade in einen sanften Schlummer abgleiten, als er eine leise Stimme in seinem Ohre diese Worte flüstern hörte.

Im Allgemeinen war Herr Neumann ein sehr besonnener Mensch, doch nun glaubte er, dass mit ihm irgendwas nicht stimmte. Oh Gott, dachte er, ich höre eine Stimme.

Er bewegte sich erst einmal nicht und ließ das Ganze auf sich einwirken, dann bewegte er seinen Kopf vorsichtig nach links und öffnete dabei die Augen und … er sah ein sich bewegendes wimmelndes großes „Hilfe“.

Neumanns Augen wurden groß, hatte er vielleicht vorhin beim Grillen ein Bierchen zu viel getrunken?

Die Stimme in seinem Ohr wurde etwas lauter und beharrlicher und dann tat Herr Neumann das, was eigentlich jeder tun sollte, wenn er eine Stimme in seinem Ohr hört: erst einmal zuhören.

Es ist selten, dass Menschen so vernünftig sind, aber Herr Neumann gehörte Gott sei Dank dazu und das rettete Anton das Leben.

Ihr müsst wissen, dass Herr Neumann ein kluger Mann war und somit war er vielen Dingen gegenüber geöffnet. Er hörte also zu, was Anton ihm ins Ohr flüsterte, sah sich hoch interessiert das aus Ameisen bestehende Wort an, hob seine Augenbrauen und murmelte: „Na gut , jedem Tierchen sein Pläsierchen“, was eine Redewendung ist und bedeutet: „Jeder muss leben und handeln, wie er es für richtig hält.“

Am nächsten Morgen rief Herr Neumann beim Forstamt an und erkundigte sich, wie man Ameisen umsiedeln könne. Dafür gab es recht einfache Methoden und Herr Neumann erfuhr so auch gleich noch mehr über die Nützlichkeit dieser Insekten.

So kam es dann dazu, dass im Laufe einer Woche Antons Ameisenstaat in den hintersten Teil des Gartens umgesiedelt wurde. Es war sehr einfach und wenn du wissen willst, wie das geht, dann schau mal ins Internet oder frag jemanden danach, der sich damit auskennt, denn es ist immer wichtig, alles zu erfragen und sich zu bemühen, das Richtige zu tun, und meistens, wenn man zuhören kann wie Herr Neumann, erfährt man interessante Dinge auch über Lebewesen, denen man sonst wenig Beachtung schenkt und die man manchmal unachtsam mit Füßen tritt.

Anton Meise ist durch seine Aktion nun ein Held geworden und ganz groß rausgekommen. Jeder kennt und liebt ihn. Er ist jetzt auch nicht mehr alleine oder ein Außenseiter, denn wenn man so viel für andere tut, dann wird das am Ende auch belohnt.

Ausgesetzt – die Corona-Töle

Hallo, mein Name ist Fipps und ich bin seit gestern Abend im Tierheim Süderstraße. Was ein Tierheim ist, weiß ich nicht, aber der Polizist, der mich gefunden hat, meinte zu mir, dort würde es mir mit Sicherheit besser gehen als bei meinen herzlosen Besitzern.

Mein Frauchen hat mich an der Autobahnraststätte Soltau an einen Baum gebunden und dann ist sie mit Herrchen weggefahren. Das war vorgestern Morgen, ich wollte ja warten, bis sie wiederkommen, aber ich hatte so schrecklichen Durst und Hunger, dass ich so lange gebellt habe bis mich der nette Mann vom Reinigungsdienst, der die Papierkörbe leert, gefunden hat.

Frauchen hat es wohl gut gemeint, als sie mich an einem Baum tief hinter den Büschen sicherheitshalber versteckt hat, damit mich niemand klaut, sie ist immer sehr besorgt.

Letzte Woche zum Beispiel machte sie sich so große Sorgen wegen Corona, dass sie ganz vergaß, mit mir Gassi zu gehen und mir etwas zu essen und zu trinken hinzustellen, bevor sie zur Arbeit ging.

Ich weiß auch nicht, was Corona ist, aber ich spüre bei meinen Menschen, dass es etwas ganz ganz Schlimmes sein muss, denn dieses Wort benutzen die beiden ständig.

Jetzt mache ich mir große Sorgen um die beiden, denn ich kann sie ja jetzt gar nicht beschützen, wenn ich nicht dort bin.

Herrchen hat vorgestern gesagt, wir müssen diese Töle loswerden, bevor sie uns was ins Haus schleppt, und jetzt denke ich, dass sie diese Töle suchen, um unser Haus zu schützen. Natürlich konnte ich da nicht mitkommen. Deswegen hat Frauchen mich ja auch zur Sicherheit an den Baum gebunden.

Hoffentlich ist sie nicht böse, wenn sie mich abholen will und ich nicht mehr da bin.

Meine Menschen bedeuten mir alles und ich hoffe sehr, dass sie diese Töle schnell finden und loswerden.

Wenn es nur nicht so schrecklich heiß gewesen wäre … im Autoradio, kurz bevor mich Frauchen vor der Töle versteckt hat, sagte der Sprecher, es wären schon früh am Morgen 30 Grad, deswegen hatte ich schrecklichen Durst und konnte einfach mein Maul nicht halten, obwohl mir Herrchen immer sagt, ich soll mein Maul halten, wenn ich belle. Ich belle aber wirklich ganz, ganz selten, ehrlich!

Nur wenn mir Luka Legos in die Augen drückt oder sich auf mich setzt, belle ich zur Warnung, damit er weiß, dass er mir damit weh tut.

Luka weiß das ja sonst nicht, er ist ja erst vier Jahre alt und ich gehöre eigentlich ihm. Er hat mich zu Weihnachten bekommen und Herrchen und Frauchen haben gesagt, ich sei sein Beschützer.

Das nehme ich sehr ernst. Hoffentlich ist Herrchen jetzt nicht böse auf mich, weil ich gebellt habe. Der Mann von der Autobahnraststätte hat mir sofort etwas zu trinken gegeben und dann die Polizei gerufen, warum, das weiß ich nicht.

Der nette Polizist hatte auch eine Kollegin dabei und die musste weinen, als sie mich sah. Dabei kennen wir uns gar nicht, aber es war ein schönes Gefühl.

Dann fuhren wir ins Tierheim, weil ich dort ja besser aufgehoben bin. Ich wurde untersucht und ein netter Mitarbeiter sagte, ich sei völlig dehydriert. Ich hoffe, das ist nichts Böses, denn ich war immer artig.

Hier sind ganz viele Hunde, die alle durcheinander bellen. Die einen beschweren sich über das Essen, die anderen wollen hier raus, wieder andere weinen und haben Angst und immer wieder fällt das Wort Corona.

Der Tierheimleiter erzählte dem Polizisten, dass zurzeit viele Hunde und Katzen ausgesetzt werden, weil einige dumme Menschen denken würden, ihr Haustier könne sie mit Corona infizieren.

Man gut, dass Herrchen und Frauchen nicht so sind. Die werden kommen und mich holen, sobald sie die Töle losgeworden sind. Bis dahin muss ich tapfer sein.

Heute Morgen war ein kleiner Junge mit seinem Opa zu Besuch, die fanden mich niedlich und hätten mich am liebsten auf der Stelle mitgenommen, aber eine Hundebetreuerin sagte ihnen, ich müsse erst einmal aufgepäppelt werden.

Was das wohl heißt? Ich kann hier doch nicht weg und muss auf Herrchen und Frauchen warten, die machen sich bestimmt schon Sorgen.

Bella, die weiße Schäferhündin aus der Box neben mir, hat mir geraten, die Zähne zu zeigen und zu knurren wie ein Wolf, wenn ich hierbleiben will. Solche wollen die Menschen meist nicht, sagt sie.

Man gut, dass ich sie getroffen habe. Merkwürdig ist, dass ihr Frauchen sie auch angebunden hat und gegangen ist. Bella hat vier Tage an einer Haltestelle gewartet, aber das Frauchen ist nicht zurückgekommen. Bella wäre fast gestorben, aber ein Busfahrer hat sie dann mitgenommen und im Tierheim abgegeben. Bella meint auch, mein Frauchen würde nicht wiederkommen und die Töle, von der Herrchen gesprochen hat, sei ich selber. So ein Quatsch, so was würden meine Menschen niemals tun, die lieben mich doch … oder?

Das macht mich alles furchtbar ängstlich und traurig, aber Bella ist schon zwölf Jahre alt und da ein Tierjahr sieben Menschenjahre zählt, ist sie immerhin schon 84 Menschenjahre alt, denn 12 x 7 = 84. Ja, wir Border Collies können gut rechnen, die Menschen sagen, wir wären die klügste Hunderasse der Welt. Eigentlich sind wir Arbeiter und Hütehunde und stammen aus dem Grenzland zwischen

England und Schottland, aber das sei einfach mal nebenbei bemerkt.

Ich bin schwarz-weiß und wiege eigentlich zwischen 14 bis 15 kg, aber im Moment wiege ich nur 9 ½ kg. Weil Frauchen und Herrchen so gestresst wegen Corona waren, hatten sie vergessen, mein Futter zu kaufen, aber so was kann schon mal passieren.

Die Menschen haben im Moment dieses Corona-Problem und das scheint alles andere in den Hintergrund zu drängen. Ich habe gehört, dass das Tierheim für Besucher geschlossen werden soll, auch wegen Corona.

Kein Wunder, dass Herrchen und Frauchen jetzt alle Hebel in Bewegung setzen, um diese Corona-Töle zu loszuwerden.

Bella hat mir erzählt, dass noch andere Tiere wegen Corona hier sind. Das macht mich allmählich nachdenklich. Wo sind denn die ganzen Herrchen und Frauchen dieser Tiere? Meine geliebten Menschen werden doch nicht …

Nein (!) Natürlich nicht, wie kann ich nur so etwas Böses denken? Jetzt bringt mich diese ganze Corona-Sache noch total durcheinander.

Obwohl, ich merke ja schon die ganze Zeit, dass die Menschen immer aggressiver werden und nicht mehr so freundlich und nett sind.

Auf der Hundewiese gab es in letzter Zeit oft Streit zwischen den Hundebesitzern. Herrchen wollte auch nicht, dass mich jemand anfasst. Das wollen die meisten Frauchen und Herrchen nicht mehr, aber wir sind doch gar nicht krank!?

Wie lange das wohl noch dauern mag? Die Menschen tragen auch alle Maulkörbe und atmen schwer, aber am schlimmsten ist es, wenn sie mit ihren Hunden schimpfen. Das macht mein Herz ganz schwer und traurig.

Jetzt fällt mir ein, dass Herr Baumann, der Besitzer von Fluffy, letzte Woche zu Herrchen rüber gerufen hat, er solle seine „Töle“ anleinen.

Mein Gott, ICH bin die Töle, über die Herrchen gesprochen hat. Jetzt muss ich doch noch weinen. Mir wird grad bewusst, dass meine Menschen mich nicht mehr haben wollen, schlimmer noch … mich nicht mehr lieben.

Es bricht mir das Herz. Obwohl ich angeblich zu der klügsten Hunderasse gehöre, habe ich nicht erkannt, was mir passiert ist.

ICH bin die Töle.

Ich bin meinen Menschen lästig geworden, weil sie Angst vor Corona haben. Deswegen auch die Aussage des Polizisten über die Herzlosigkeit meiner Besitzer.

Mein geliebtes Frauchen, für das ich gestorben wäre, hat mich einfach zurückgelassen wie ein altes Stück Möbel auf dem Sperrgut.

Ich werde meine Familie nie wiedersehen, sie wollten mich einfach nicht mehr.

Wie soll ich damit nur umgehen? Wer wird mir helfen? Wem soll ich noch vertrauen? Werde ich für immer hierbleiben müssen? Wird es jemanden geben, der mich mit zu sich nimmt und auf den ich aufpassen darf?

Ich liege hier auf einer weichen Decke und fühle zum ersten Mal, wie mir die Knochen wehtun. An mir ist wohl nicht mehr so viel dran, der Leiter des Tierheims sagte gestern Abend, ich sei ja nur noch Haut und Knochen. Das habe ich gar nicht bemerkt, weil ich immer so sehr um Herrchen, Frauchen und Luka besorgt war. Ich wollte, dass es meinen Menschen gut geht, und diese Menschen haben mich einfach aus der Familie entfernt, obwohl ich doch ein Teil davon war?

Vielleicht habe ich ja was falsch gemacht? Bin ich vielleicht alt und räudig? Oder zu hässlich für meine Menschen? Wenn ich die „TÖLE“ bin, die was ins Haus schleppt, dann hatten sie ja vielleicht recht, mich zu entfernen. Hätte ich womöglich meine Menschen gefährdet? Das mag ich mir gar nicht vorstellen.

Jetzt fange ich auch noch an zu zittern vor lauter Angst, dass ich meinen Menschen vielleicht geschadet hätte. Vielleicht bin ich ja Corona und sie sind vor mir geflüchtet? Alles redet über mich und ich war zu dumm, zu merken, dass es dabei um mich geht?

Aber Bella ist ja das Gleiche passiert und ganz hinten in einer Box weinen zwei Katzen schon seit Stunden. Bella meinte, als sie mit ihrer Pflegerin aus dem Auslauf kam, hätte sie im Vorbeigehen gehört, wie die beiden Katzen aufgenommen wurden, in einem Müllcontainer entdeckt, total verwahrlost und halb verhungert. Die beiden sind erst drei Monate alt.

Warum machen Menschen so was? Wir sind doch eure besten Freunde, gehen für euch durchs Feuer und lieben euch bedingungslos und stehen immer zu euch.

Mir tut das Herz so weh, wenn ich darüber nachdenke. Gott sei Dank gibt es auch gute Menschen und Kinder da draußen und ich darf die Hoffnung ja nicht aufgeben. Vielleicht denken Frauchen und Herrchen ja noch mal über alles nach und finden mich hier in der Süderstraße?

Wenn nicht, muss ich dennoch tapfer sein, denn es ist meine Aufgabe, ein guter Hund zu sein und Menschen glücklich zu machen, und wer weiß? Vielleicht finde ich ja Menschen, die auch mich glücklich machen?

Ein paar Worte noch an dich, der du das hier liest oder es dir vorlesen lässt: Bitte geh immer gut mit Tieren um. Wir lieben euch so sehr und haben es verdient, auch von euch geliebt zu werden.

Halte mir die Daumen, dass Bella ich und all die anderen trotz Corona für immer ein gutes Zuhause finden und vielleicht sehe ich dich ja eines Tages hier? Hier, im Tierheim Süderstraße.

Dein Fipps

Die Immobilien-Schnecke

Petula war nervös, sie war mal wieder nicht schnell genug, und die Zeit kroch ihr sozusagen davon, denn der Klient wartete schon. Sie hatten sich auf ein Wiesengrundstück am Hang eines Teiches geeinigt, das in einer bevorzugten Lage mitten im Park lag. Schon vom weiten sah sie Herrn Sleiming unruhig den Wegesrand auf und ab kriechen, natürlich in Zeitlupentempo, denn Herr Sleiming war eine Nacktschnecke, aber diese Art von Schnecken konnten bei voller Kriechleistung immerhin 4,20 Meter in der Stunde zurücklegen.

Jo, seufzte Petula, Nacktschnecken waren wirklich hammerschnell.

Petula rümpfte ihre Schneckenfühler, sie war auf Häuserverkäufe angewiesen, denn die Wirtschaftslage sah auch im Schneckenmilieu nicht grad berauschend aus, dennoch fand es Petula unter aller Kanone, dass sich jetzt auch die Nacktschnecken mit Häusern schmücken konnten.

Früher hatte es so was nicht gegeben dachte sie, während sie ihres Weges kroch. Entweder man wurde mit Haus geboren oder ohne und wer ohne Haus war, der musste halt damit leben, Punkt.

Aber die Zeiten änderten sich immer mehr und man musste halt immer schnell mitkriechen, wenn man was erreichen wollte. Petula hatte das schnell erkannt und sich mit ihrem Mann Paul selbstständig gemacht. Beide waren nicht schnell, aber effektiv. Das Geschäftsmodel war simpel zu erklären, Paul und seine Brüder restaurierten alte Schneckenhäuser und Petula brachte diese frisch renovierten Einzelexponate an die häuserlose Schnecke.

Petula selbst hatte das Haus ihres Mannes und ihr eigenes verkauft, um mit dem Erlös in den Immobilienmarkt einsteigen zu können, aber mittlerweile sah sie immer mehr Nacktschnecken mit Häusern und Häuserschnecken nackt.

Es gab eigentlich nichts Schauderhafteres als eine nackte Bernsteinschnecke in ihren Augen, aber in der Not frisst der Teufel ja bekanntlich Fliegen und so hatten Petula und Paul im letzten Jahr alles auf eine Karte gesetzt.

Jetzt gab Petula alles und versuchte, so schnell wie nur möglich vorwärtszukommen, aber das zog sich hin. Wäre ich bloß schon gestern Abend losgekrochen …, dachte sie. Was für ein Ärgernis … wenn bloß dieser kleine Junge nicht gewesen wäre. Auf dem Weg zu seinem Kindergarten hatte dieser Petula entdeckt und sie immer wieder mit seinem Fuß grob angestoßen. Ohne Haus, in das man sich zur Not zurückziehen kann, ist das natürlich extrem gefährlich. Petulas Kopf schmerzte enorm und einer ihrer Fühler war abgeknickt und das tat ganz gemein weh.

Warum gerade kleine Menschen manchmal derartig grausam waren, erschloss sich Petula nicht. Konnten Eltern denn da nichts machen? Immer wieder hörte sie, dass Kameradinnen von ihr einfach zertreten wurden oder dass ihnen die Häuser weggenommen wurden oder Schlimmeres.

Man brachte der Schnecke heutzutage einfach nicht den nötigen Respekt entgegen. Wir sind halt nicht kuschelig und weich, sondern schleimig und das ist für Menschen wohl eklig. Wir schleimen uns durchs Leben, ok, aber man hört von Menschen, die das auch tun, und das finden wir Schnecken nun wiederum eklig, denn das schleimige Kriechen sollte wirklich uns Schnecken vorbehalten sein. Wir haben schließlich auch unseren Stolz, außerdem produzieren wir mit unserem Schleim unsere eigenen Straßen, auf der wir dann geschützt vor spitzen Steinen und Dreck entlanggleiten können, sogar spitzes Glas macht uns nichts auf, wir kriechen geschützt durch unseren Schleim einfach darüber hinweg.

Es gibt uns schon seit rund 500 Millionen Jahren auf der Welt, insgesamt 43.000 verschiedene Arten. Vom Menschen gibt es nur eine Art, den Homo sapiens, das steht im Lateinischen für verstehender, verständiger oder weise. Na ja ..., dachte Petula weiter, das sah sie etwas anders, denn wenn jemand versteht, verständig oder sogar weise ist, der geht mit anderen Lebewesen, egal, welcher Art, rücksichtsvoll um, sonst war er einfach nur dumm.

Mit diesen Gedanken in ihrem noch immer schmerzenden Kopf kroch Petula beharrlich weiter auf Herrn Sleiming zu. Der hatte sie nun offensichtlich gesehen und kam ihr entgegengekrochen.

„Das ist aber wirklich sehr aufmerksam von Ihnen, Herr Sleiming, vielen Dank“, sagte Petula. „Dann wollen wir uns mal gleich dem Objekt zuwenden, das ich für Sie vorgesehen habe. Es ist nur circa zehn Kriechminuten von hier in gewünschter Hanglage. Ein Käufer ist kurzfristig abgesprungen, weil Menschen seine Familie vergiftet haben, und somit steht dieses wunderschöne transportable Rundhaus wieder zum Kauf.“

Petula begann nun die Vorzüge des Hauses aufzuzählen und Herr Sleiming kroch interessiert lauschend neben ihr her.

Nach einiger Zeit blieb sie stehen und deutete mit ihrem heilen Fühler nach links.

Herr Sleiming bekam große Augen. „Fräulein Petula!“, rief er. „Das ist ja ganz zauberhaft, ich werde es gleich mal aufprobieren.“

Vorsichtig schlüpfte Herr Sleiming unter das Haus. „Passt, wackelt und hat Luft“, rief er erfreut. „Was soll das Schätzchen denn kosten?“

„Tja“, meinte Petula, „mein Mann ist eine Achatschnecke und daher ist unser Speiseplan sehr gemüse- und obstlastig, was in diesem Fall heißt, das unser Büro das Haus für den Plan eines Schrebergartenplatzes verkauft. Der Garten sollte viele Gemüsepflanzen wie Karotten, Tomaten, Zucchini sowie Obstbäume enthalten, denn wir denken daran, die ganze Familie umzusiedeln.“

„Das passt ja hervorragend“, freute sich Herr Sleiming. „Ich stelle ihnen gerne einen passenden Gartenplan zur Verfügung. Der Garten ist total verwildert und wird schon seit Jahren nicht mehr von Menschen benutzt. Dort kann man sich mit der Familie sicher und wohlfühlen.“

Petula war beeindruckt. Das lief ja besser als gedacht. Der Umzug würde zwar einige Monate in Anspruch nehmen, aber sie hatte ihre Achatschneckenfamilie dann gut untergebracht.

So machten beide den Handel perfekt und da es unter Schnecken keine weiteren Einrichtungsgegenstände außer sich selbst gibt, zog Herr Sleiming sofort ein.

Einfach herrlich dachte er, ganz alleine ein Haus am See in dieser Lage, das war einfach ein Glücksgriff.

So hatten beide Parteien ein gutes Geschäft gemacht und Petula machte sich sofort auf den langen Rückweg nach Hause. Sie rechnete, da es mittlerweile zu regnen begonnen hatte, mit mindestens fünf Stunden für den Weg, aber sie hatte ja kein Haus bei sich und Regen war immer noch besser als die pralle Sonne, denn die trocknete Schnecken ohne Haus schnell aus und daran waren schon viele ihrer Bekannten gestorben.

Glücklich über den Hausverkauf kroch Petula bis in den späten Abend hinein nach Hause und freute sich darauf, ihrer Achatschneckenfamilie solch gute Nachrichten bringen zu können.

Alles freute sich, als Petula wieder zurück war, und man beschloss, noch in der gleichen Woche den Umzug in Angriff zu nehmen, denn es mussten dabei auch einige noch nicht verkaufte Häuser transportiert werden. Diese standen zum Restaurieren hinten am Zaun, der zum Park führte.

Petulas Verwandtschaft war sehr fleißig und die aus Kalk bestehenden Schneckenhäuser wurden von den Brüdern ihres Mannes liebevoll restauriert. Mit der Zeit hatten sie sich durch die Verkäufe dieser Häuser ein kleines Imperium erschaffen, und nach diesem großen Umzug hatten sie sozusagen ausgesorgt. Als Schnecke suchte man immer nach Sicherheiten, Müßiggang kannte man nicht, man war arbeitsam und fleißig und wenn die Menschen von lahmer oder langsamer Schnecke sprachen, traf dies durchaus nicht zu.

Aber so ist das eben mit den Vorurteilen. Wenn erst mal etwas die Runde macht, ist es schwer, dagegen anzukommen.

Am nächsten Abend saß Petula am Rand eines Maulwurfhügels, um sich von der Arbeit etwas auszuruhen, als sie ein leises Jammern hörte.

Aufmerksam schielte sie um die Ecke und sah Herrn Sleiming des Weges kriechen.

„Herr Sleiming, was ist denn los?“, rief sie, so laut sie konnte.

Herr Sleiming kam langsam und traurig herangekrochen. „Ach, Fräulein Petula“, sagte er ganz niedergeschlagen, „stellen Sie sich nur mal vor, was passiert ist. Gestern Abend gab es eine Feier in der unmittelbaren Nähe meines Hauses, ich hörte die Musik und erfreute mich an der Fröhlichkeit der Menschen, bis, bis, bis ...“ Schluchzend zog sich Herr Sleiming zusammen. „Bis jemand auf mich aufmerksam wurde. Mit mir und meinem Haus wurde Fußball gespielt. Mein Haus ist komplett zerstört und ich habe furchtbare Schmerzen. Das Schlimmste ist aber, dass ich nun nicht mehr weiß, wohin. Ich bin ja nur eine Nacktschnecke und das Einzige, was mir gehörte, war der Garten, den ich Ihnen verkauft habe. Eine Familie habe ich nicht mehr und nun bin ich obdachlos und dazu noch krank.“

Petula schossen die Tränen in die Augen. Besorgt führte sie Herrn Sleiming auf ihrer eigenen Schleimspur zum Zaun ihrer Wiese, zu Paul und ihrer Familie, die dort schon seit dem Morgengrauen am arbeiten waren.

„Leute, hört mal zu, was hier passiert ist“, rief sie.

Alle kamen angekrochen. Das dauerte zwar etwas, aber letztendlich versammelten sie sich alle um

Herrn Sleiming und hörten sich seine traurige Geschichte an.

Alle waren entsetzt. Wie konnten Lebewesen nur so roh und gemein sein? Jeder von ihnen hatte schon Schlimmes mit Menschen erlebt. Viele Verwandte gab es nicht mehr und gerade die Kleinen fehlten allen sehr. Man musste Herrn Sleiming helfen, das war klar, denn niemand sollte obdachlos und alleine sein.

Erst einmal wurde Herr Sleiming verarztet, er hatte durch die Tritte, die ihm zugefügt worden waren, schlimme Prellungen erlitten. Danach tagte der Schneckenrat von Petulas Familie und dabei gab es wie immer ordentlich Pflanzenreste mit Kartoffellaub, Pilzfäden und ein paar Erdbeeren zum Schluss.

Herr Sleiming bekam alles in mundgerechte Stücke vorgekaut und dabei schlief er total erschöpft ein.

Der Schneckenrat tagte die ganze Nacht und am Morgen stand das Ergebnis fest: Herr Sleiming würde einfach Mitglied der Familie werden und wieder mit in seinen Garten ziehen, denn wo steht geschrieben, dass Bernsteinschnecken, Achatschnecken und Nacktschnecken nicht zusammenziehen dürfen? Gesetze wurden von Menschen gemacht, aber wieso sollte man sich daran halten?

„Not kennt kein Gebot“, dozierte Paul und seine acht Brüder klatschten Beifall. Petula war sehr stolz auf ihren Mann.

Und so geschah es, dass es im Schrebergarten „Zum Gemüseglück“ einen Wildgarten mit der ersten gemischten Schneckenkolonie Deutschlands gab. Die Schrebergärtner hatten sich sogar mit der Zeit daran gewöhnt. Sie hatten den Schneckengarten, wie er jetzt genannt wurde, mit einem engmaschigen Zaun umspannt, wie das bei Menschen eben üblich ist, und warfen sogar Gemüsereste und Blätter über den Zaun. So hatten alle Schnecken immer genug zu essen und brauchten gar nicht in andere Gärten zu kriechen, um dort nach Nahrung zu suchen, und so kam die Schrebergartenkolonie „Zum Gemüseglück“ sogar ohne Pestizide aus. Pestizide nennt man die Gifte, die eingesetzt werden, um sogenannte Schädlinge wie Petula, Paul mit Familie oder Herrn Sleiming vom Gemüse fernzuhalten, aber da diese ja jetzt ihren eigenen Garten hatten, war das ja nicht mehr nötig.

So wurde aus der Ansammlung verschiedener Schnecken ein Biotop (ein Biotop ist der Lebensraum von bestimmten Lebewesen). Das Wort kommt von den griechischen Wörtern für Leben und Ort.

Alle Tiere, Pflanzen und Pilze in einem Biotop bezeichnet man zusammen als BIOZÖNOSE.

In so einer BIOZÖNOSE lebten jetzt also unsere Schnecken und mit der Zeit gesellten sich immer mehr andere Tiere dazu. Petula verkaufte noch weiterhin ihre Häuser, aber diese blieben meist in der Biozönose, denn wer wollte dieses Stück Paradies schon freiwillig wieder verlassen?

Auch Herr Sleiming hatte seine Aufgabe gefunden, er war jetzt der Hausmeister von Petulas Häusern und war nie wieder alleine oder einsam. Hieran kann man unschwer erkennen, dass selbst aus einem vermeintlichen Unglück etwas Gutes entstehen kann und dass, wenn viele verschiedene Arten sich zusammentun, etwas Großartiges dabei herauskommt, denn … zusammen ist man immer stark!

Die kleine Biene Sa

An einem frühen Sonntagmorgen im Juli saß die kleine Honigbiene Sa im Apfelbaum über ihrem Bienenstock und ließ die Flügel hängen.

Sie war schon seit Stunden unterwegs gewesen, ohne genug Nektar zusammenbekommen zu haben, und traute sich jetzt nicht in ihren Bienenstock, weil sie ihr Soll wieder mal nicht erfüllt hatte.

Die Soldaten würden sie gleich am Eingang wieder zurückschicken und gar nicht erst reinlassen. Schon seit Tagen ging das so, jetzt war sogar ihre Stammwiese gerodet worden. Wo noch vor ein paar Wochen eine wunderschöne üppige Blumenwiese stand, auf der Sa und ihr Volk emsig den so dringend benötigten Nektar sammeln konnten, befand sich jetzt ein Parkplatz und gleich dahinter, wo sich vorher ein Hang mit vielen alten Obstbäumen befand, wurde ein riesiges Gebäude errichtet, es sollte ein Baumarkt werden und die Bäume waren alle gefällt worden, um dafür Platz zu schaffen.

An uns Bienen haben die Menschen mal wieder überhaupt nicht gedacht dachte Sa. Wie sollen wir überleben, wovon sollen wir uns ernähren und wie Honig sammeln, wenn es nichts mehr gibt, wo man etwas sammeln kann?

Und was noch schlimmer war, was sollten sie noch bestäuben damit die Nahrung für die Menschen gesichert war?

Sa hatte gehört, wie sich ein paar Soldaten ihrer Mutter darüber unterhielten, dass es in Japan schon fast keine Bienen mehr gab und die Menschen dort in Schwärmen auszogen und die Blüten selbst bestäubten, damit überhaupt etwas wachsen konnte.

Man stelle sich vor, es gab weltweit über 30.000 Bienenarten. Honigbienen wie Sa und Wildbienen bestäubten 80% aller Obst- und Gemüsesorten. Ohne Bienen gäbe es kein Obst und Gemüse mehr.

Sa machte das alles sehr traurig. Sie und die anderen Arbeiterinnen flogen jeden Tag bis zu zehn Kilometer weit, um Futter zu bekommen, der Nektar war immens wichtig, damit ihr Volk nicht verhungerte. Nebenbei wurden beim Nektarsammeln die Pollen von einer Pflanze zur nächsten verteilt. Das nannte man bestäuben, nur so können Gemüse und Früchte wachsen.

Jede fleißige Biene bestäubt bis zu 2000 Pflanzen an einem Tag und Sa war sehr stolz darauf, so ein fleißiges Bienchen zu sein.

Aber was gab es hier noch zu bestäuben? Immer mehr Wiesen wurden abgemäht und wo früher das arbeiten noch Spaß machte, war es heute extrem harte Arbeit, überhaupt satt zu werden.

Sa musste wieder seufzen, denn sie dachte mit bangen daran, dass ihr Volk immer kleiner wurde.

Früher zählten mehr als 60.000 Bienen zu ihrem Stock und heute? Sie waren jetzt nur noch 20.000 Bienen. Obwohl Cassandra, die Königin und Sas Mutter, im Frühjahr jeden Tag 2000 Eier legte, wurde ihr Volk immer kleiner, denn die Arbeiterinnen, die wie Sa dafür sorgten, dass die Königin und Larven immer genug zu fressen hatten, fanden nichts mehr. Besonders im Winter starben viele Königinnen an Entkräftung und so waren schon etliche Völker ausgestorben.

Sa hatte im Unterricht für Ammen (so nennt man die Arbeiterinnen, die die Bienenlarven versorgen) von einem Menschen gehört, der sehr klug gewesen sein soll, nun aber leider nicht mehr lebte.

Sein Name war Albert Einstein und er war ein Physiker, der sich mit der Erforschung von Materie, Raum, Zeit und Gravitation beschäftigte. Dieser Einstein war seiner Zeit weit voraus und prägte das Zitat: „Wenn die Bienen aussterben, sterben vier Jahre später auch die Menschen.“

Sa konnte nicht verstehen, wieso die Menschen nicht auf ihre eigenen klugen Köpfe hörten. Aber da konnte man wohl nichts dran ändern und als Biene erst recht nicht. Erst gestern hatte ein Kind nach Sa geschlagen und die Mutter des Kindes hatte geschrien und mit einer Zeitung Sas beste Freundin Bu erschlagen. Sa stand auch jetzt noch unter Schock, eigentlich hätte sie einen von beiden dafür stechen sollen, aber Sa wusste, dass sie dann möglicherweise selbst innerhalb von en paar Tagen sterben würde, weil man in der Aufregung nie abschätzen konnte, wie tief der Stachel in die Haut fuhr, und wenn man Pech hatte, blieb der Stachel an den daran befindlichen Widerhaken in der Haut des Opfers stecken und ohne Stachel musste man verhungern.

So war Sa schleunigst davongeflogen, aber Bu fehlte ihr sehr. Das Leben als Honigbiene war schon schwer genug, Freundschaften unter den Arbeiterinnen oder Ammen waren sehr selten, denn dafür fehlte meistens die Zeit. Umso wertvoller war es dann, wenn man jemanden gefunden hatte, mit dem man sich mal austauschen konnte oder mit dem man zusammen flog.

Das Leben war kurz genug, im Allgemeinen werden Sommerbienen etwa 35 Tage alt, Winterbienen hingegen können bis zu neun Monate alt werden.

Jetzt wo Sa darüber nachdachte, bereute sie es fast, bei Mutter oder Kind nicht zugestochen zu haben, denn sie war eine Sommerbiene und schon knapp 28 Tage alt, so viel Zeit blieb ihr also nicht mehr, aber darüber wollte sie jetzt nicht auch noch nachdenken.

Das Leben einer Honigbiene war im wahrsten Sinne des Wortes kein Zucker- oder Honigschlecken. Wenn die Menschen das alles wüssten, überlegte Sa, ob sie dann vielleicht zur Vernunft kämen und uns gegenüber freundlicher wären?

Selbst im Insektenreich gab es Feinde, seit Jahren schon machte sich die Varroa-Milbe breit. Sie lebte vom Blut der Bienen und schleppte Viren und Bakterien ein, Tausende von Larven starben schon vor dem Schlüpfen.

Alles in allem waren es trübe Gedanken, die Sa an diesem Sonntagmorgen beschäftigten und schwer auf ihre die Stimmung drückten.

Sa war sich ihrer großen Verantwortung bewusst. Sie konnte nicht einfach aufgeben, weil sie keine Lust mehr hatte. Die Verantwortung für die gesamte Menschheit war zu groß. Wer jetzt denken sollte, wieso das denn … Sa ist doch nur eine einzige Biene … dem sei gesagt, wenn auch nur einer aufgibt, nehmen sich Tausende ein Beispiel an ihm und so beginnt ein gefährlicher Kreislauf in dessen Verlauf alles zusammenbricht, denn jeder spielt eine wichtige Rolle im Leben. Selbst das kleinste Rädchen im Getriebe hat eine große Bedeutung, denn ohne dieses kleine Rädchen kann die größte Maschine nicht laufen, oft kommt es gerad auf die kleinen Dinge an, damit die großen Dinge funktionieren können.

Sa hat das erkannt und trägt somit dazu bei, dass alles geregelt abläuft. Wenn jeder seine Wichtigkeit und seine Bedeutung erkennt, an seinem Platz bleibt und seine Aufgaben gewissenhaft erledigt … ja, dann läuft alles rund und das Leben funktioniert.

Drauf gepfiffen

Er war tatsächlich schon wieder zu spät dran, das würde wieder mal Ärger geben. Aufgeregt mit den Flügeln schlagend flatterte Eberhard Spatz in sein Nest, in dem seine werte Gattin auf dem Nachwuchs hockte, der die ganze Zeit nach Futter schrie.

So hatte sich Eberhard das nicht vorgestellt, als er eine Familie gegründete hatte. Jeden Tag die gleiche Routine: früh aufstehen, ausfliegen Futter besorgen zurückfliegen das Futter abliefern und dann alles wieder von vorne, aber was noch schlimmer war, war Marta! Sie schimpfte und schimpfte und schimpfte ... und schimpfte.

Der Satz „schimpfen wie ein Rohrspatz“ kam mit an Wahrscheinlichkeit grenzender Sicherheit aus Martas Familie und diese hatte die volle Breitseite in ihren Genen. Ein Gen wird der Abschnitt auf der DNA genannt, der die Grundinformation für die Entwicklung eines Individuums bezeichnet. Ganz kurz gesagt, Marta hatte das Geschimpfe geerbt.

Marta gehörte genau wie Eberhard zur Familie der sogenannten Haussperlinge, oder auch Hausspatz genannt. Warum die Menschen sich untereinander manchmal ganz verliebt mein Spatz oder mein Spätzchen nannten, erschloss sich Eberhard überhaupt nicht. Würden diese Menschen Marta kennen, hätten sie sicher einen anderen Namen dafür gefunden, um ihre Zuneigung auszudrücken.

Eigentlich waren Spatzen ja ganz niedlich, es gab sogar acht Gattungen von ihnen und insgesamt 43 verschiedene Arten, die alle zu einer Familie gehörten. Der Name Sperling für den Spatz wird übrigens aus dem althochdeutschen Sparo mit der Endsilbe „ling“ abgeleitet, aber das sei nur mal nebenher erwähnt, denn wir wollen ja nun wissen, warum Eberhard, auf gut Deutsch gesagt, so den Schnabel voll hatte.

Von morgens bis abends war Marta am Schimpfen: „Wo kommst du jetzt erst her? Wieso hast du die Würmer nicht aus dem schattigen Wald geholt? Die Würmer aus den Vorgärten sind viel zu trocken! Wieso brauchst du eine Stunde und elf Minuten, um einen jämmerlichen Käfer anzuschleppen? Warum hast du gestern Abend das Nistmaterial nicht zum Trocknen auf dem oberen Ast abgelegt? Weshalb hast du nicht gleich einen kleinen Vorrat angelegt? Muss man denn alles selbst machen? Was tust du eigentlich den ganzen Tag, während ich bei den Kindern bin? Wieso antwortest du nicht, wenn ich dich was frage? Warum bist du nur so unzulänglich und wozu hast du eigentlich einen Schnabel, wenn du ihn doch nicht aufbekommst?“

Ja, wozu eigentlich?, hätte Eberhard dann am liebsten gefragt? Du lässt mich ja doch nie zu Worte kommen!

Alles in einem konnte man sagen, Eberhard hatte den Schnabel gestrichen voll!

Mittlerweile fingen auch schon die Kleinen an, es ihrer Mutter gleichzutun, und mäkelten am Futter herum oder schrien so laut, dass es Eberhart in den Ohren schmerzte. In was für eine Lage hatte er sich da nur gebracht? Sein Vater hatte durchaus recht behalten, als er Eberhard gewarnt hatte, frühzeitig eine Ehe mit Marta einzugehen.

Wenn es nach seinem Vater gegangen wäre, hätte er die pummelige Ludmilla heiraten sollen, ein überaus liebes, nettes und freundliches Spätzchen, die mit ihrer netten Familie in der alten Linde am Marktplatz wohnte. Aber nein, dachte Eberhard seufzend, es musste ja Marta sein, die schön rank und schlank war, und jetzt hatte er den Salat.

Ludmilla war mittlerweile mit Rüdiger verheiratet und dieser war mit ihr überaus glücklich. Man sah die beiden oft mit ihren Kindern und alles war so harmonisch und liebevoll.

Davon konnte Eberhard nur träumen, wieso hatte er nur auf Äußerlichkeiten geachtet? Als wenn es nichts Wichtigeres gäbe als eine gute Figur. Ludmilla hatte zwar zwei Gramm zu viel unter den Federn, aber dennoch war sie sehr hübsch und ihre liebenswürdige Art machte sie gleich noch mal hübscher.

Das geschieht mir ganz recht, dachte Eberhard, ich habe nur auf die Figur geschaut und das habe ich jetzt davon, eine zänkische Dürre ... Eberhart hielt inne mit seinen Gedanken. Nein, so weit durfte er es nicht kommen lassen. Marta war immerhin die Mutter seiner Kinder und gegen die sollte er keinen bösen Gedanken hegen, oder?

Aber das war leichter gesagt als getan. Tag und Nacht das Geschimpfe zu ertragen, war nun mal nicht leicht, auch wenn man „eigentlich" selbst daran schuld war.

„Verflixt und zugenäht, ich habe dich was gefragt!", keifte Marta.

Erschrocken zuckte Eberhard zusammen. Er war so tief in Gedanken gewesen, dass er das Geschimpfe von Marta ganz überhört hatte.

„An was du jetzt wohl wieder denkst, wenn du überhaupt denken kannst mit deinem Spatzenhirn. Ich habe dich gefragt, wie du dir das weiter vorstellst. Glaubst du ich habe es nötig, nur jeden Tag auf deine Gören aufzupassen, und der werte Herr fliegt fein durch die Gegend und amüsiert sich? Schon mal was von Emanzipation gehört?" Marta plusterte sich immer mehr auf. „Wie konnte ich mich nur jemals mit dir einlassen, du Tunichtgut, du Taugenichts? Meine Mutter hat gleich gesagt, als ich mit dir ankam ..."

Eberhard stellte seine Ohren auf Durchzug. Wie oft schon hatte er diese Schimpferei gehört? Immer dieselben Tiraden, es würde sich niemals ändern.

Mir langts, dachte er, soll das denn immer so weitergehen?

„Marta, hör mal …“, begann er. Weiter kam er nicht, denn Marta drängte ihn aus dem Nest und er musste ganz rasch seine Flügel ausbreiten, sonst wäre er abgestürzt. Mit einem derartigen Angriff hatte er nicht gerechnet. Marta hackte sogar mit dem Schnabel nach ihm und ihr Geschimpfe wurde immer lauter.

Jetzt reichte es. Drauf gepfiffen, dachte er ich, fliege!

Ohne weiter auf Martas Bösartigkeiten zu reagieren (man zog bei ihr ja doch immer den Kürzeren), flog Eberhard in den nahe gelegenen Park. Dort setzte er sich in eine Weide, die am Teich stand, um erst mal zur Ruhe zu kommen. In seinen Augen glänzten Tränen und er war zutiefst erschüttert über Martas Verhalten.

Nach einer Weile bemerkte er, dass auf dem Ast neben ihm jemand saß. Verlegen blickte Eberhard auf … wie peinlich war das denn? Hoffentlich hatte ... weiter kam er nicht mit dem Denken, denn erschrocken erblickte er Ludmilla.

„Sitzt du schon lange hier?“, fragte Eberhard.

„Na ja“, begann Ludmilla leise, „lange genug. Du hast mich gar nicht gesehen, als du angeflogen kamst.

„Und was machst du hier?“, wollte Eberhard wissen.

„Ach? Weißt du es denn nicht“, fragte Ludmilla. „Rüdiger ist vor drei Wochen von einem Auto erwischt worden. Es wundert mich, dass du das noch nicht gehört hast. Alle reden über nichts anderes mehr, oder um es mal so zu sagen: Die Spatzen zwitschern es von den Bäumen.“

Eberhard sah Ludmilla erschrocken an. „Das tut mir so leid“, sagte er. „Jeder hat im Leben wohl sein Päckchen zu tragen. Und was machst du jetzt?“

Damit begann eine lange tiefgründige Unterhaltung und beide verstanden sich so gut, dass sie noch am selben Abend zusammenzogen.

So was war bei Spatzen sehr einfach, weil es ja nicht wie bei Menschen war, die für alles Gesetze brauchten.

Monate später flogen Ludmilla und Eberhard in den Urlaub, sie waren unendlich glücklich zusammen und Nachwuchs kündigte sich auch schon an.

Wenn man jetzt im Frühjahr nach draußen geht, hört man Marta und ihre Familie schimpfen. Es hatte sich nichts bei ihr geändert, doch ... jetzt schimpften auch ihre Kinder und von denen die Kinder ... wie schon geschrieben, es liegt in den Genen, aber ... drauf gepfiffen!

Eine andere Puppe

Priscilla stieß einen spitzen Schrei aus. Wie widerlich war das denn bitte? Seitwärts am Blumenkasten vor ihrem Zimmerfenster klebte eine fette eklige Raupe. Priscilla schüttelte es und sie bekam eine Gänsehaut. Sie mochte das Tier gar nicht anfassen, und somit konnte sie es auch nicht entfernen. Das sollte doch bitteschön ihr Mann machen, wenn der am Abend nach Hause kam. Schnell schloss sie das Fenster und zog die Vorhänge zu. Bis zum Abend würde sie sich wohl noch etwas gedulden müssen, denn es war erst 10 Uhr am Morgen.

Für heute hatte sie sich alle Pflanzen in Haus und Garten vorgenommen. Alles sollte umgetopft, umgepflanzt und neu arrangiert werden. Mit den Pflanzen im Haus wäre sie nach dieser einen Pflanze fertig gewesen, aber die Raupe hielt sie davon ab.

Vielleicht übertreibe ich damit auch etwas, dachte sie. Eventuell sollte ich mich jetzt etwas mehr mit Krabbeltieren befassen, jetzt, wo wir in eine so ländliche Umgebung gezogen sind.

Raupen hatte sie in ihrer Wohnung in Hamburg noch nicht gesehen und ihre Balkonpflanzen waren sowieso künstlich gewesen, weil die Abgase der Großstadt fast alle ihre Bemühungen, den Balkon in ein Blumenmeer zu verwandeln, zunichtemachte.

Hier werde ich mich wohl engagieren müssen, überlegte sie, denn Helge würde sich schön bedanken, wenn sie ihm nach seiner schweren Arbeit im Hafen mit Kleinigkeiten nerven würde. Allerdings waren das für Priscilla durchaus keine Kleinigkeiten, sie erinnerte sich an ein Weihnachtsfest vor zwei Jahren, als nach einer wilden Jagd auf eine winzige Spinne der mit echten Kerzen bestückte Weihnachtsbaum umgefallen und dadurch sogar in Brand geraten war. Seitdem gab es nur noch einen künstlichen Baum mit elektrischen Kerzen.

Schon immer hatte es irgendwelche Aufregungen in ihrem Leben gegeben, wenn es sich in um irgendwelche Krabbelwesen handelte. Sie konnte einfach nicht aus ihrer Haut.

Priscilla musste an das Theater letzten Sommer im Kino denken, eine Biene hatte es wie auch immer geschafft, sich heimlich und leise in ihr Popcorn einzuschleichen, was damit endete, dass Helge und sie nach nur 15 Minuten Vorspann, ohne den Film gesehen zu haben, des Kinos verwiesen wurden, denn sie hatte mal wieder eine Riesenszene hingelegt.

Helge hatte danach das ganze Wochenende nicht mehr mit ihr gesprochen, was verständlich war, denn es war ja nicht das erste Mal gewesen denn bei unzähligen Anlässen war es zu Zwischenfällen gekommen. Wenn Priscilla so recht darüber nachdachte, gab es eigentlich selten einen Anlass, wo nichts passiert war, und so konnte sie verstehen, dass Helge allmählich mehr als nur genervt war.

Aber es gab sogar eine Bezeichnung vor ihrer Insektenangst, man nannte das eine „Apiphobie“. Bei ihr kam aber auch noch eine „Arachnophobie“ hinzu, was ihrer panischen Angst vor Spinnen gleich einen wissenschaftlichen Titel verlieh, und damit ließ sich alles besser erklären, fand Priscilla. Allerdings gab es so viele sogenannte Phobien, dass man damit nicht mehr punkten konnte. Darunter gab es so lächerliche Ängste wie zum Beispiel die Angst vor Gemüse, eine „Lachanophobie“ oder die „Anatidaephobie“, das ist die Angst davor, von einer Ente beobachtet zu werden. Nicht zu toppen ist jedoch die Angst vor langen Wörtern, die sich tatsächlich „Hippopotomonstrosesquippedaliophobie“ nannte. Das ist kein Scherz, versuche mal einer, das in einem fehlerfreien Satz auszusprechen oder gar zu schreiben.

Natürlich sollte man sich nie über die Ängste anderer lustig machen, aber ich bitte euch, Angst vor Gemüse, dachte Priscilla und musste unwillkürlich lachen, denn das war selbst ihr zu viel. Da konnte man ja in einer Obst- und Gemüseabteilung vor Angst sterben.

Kopfschüttelnd räumte sie die Blumenerde beiseite und brachte diese in die Abstellkammer zurück. Beim Anblick des Regals mit den verschiedenen Gemüsesorten konnte sie gar nicht mehr an sich halten. Sie musste sich den Bauch halten und ihr liefen vor Lachen die Tränen aus den Augen, als ihr bewusst wurde, dass ihre Vorratskammer für Menschen mit „Lachanophobie“ eine Folterkammer war.

Allerdings würden andere sehr wahrscheinlich auch über ihre Ängste lachen, überdachte sie ihre Reaktion, also kein Grund, übermütig zu werden. Man sollte niemals über Ängste und Schwächen anderer lachen. Das war dumm und anmaßend, denn wie leicht konnte man selbst von etwas betroffen sein und dann wollte man bestimmt nicht, dass andere sich darüber lustig machten. Es gab immerhin rund 650 anerkannte Phobien, darunter auch eine, die sich „Botanophobie“ nannte. Das ist die Angst vor Pflanzen, die konnte Priscilla als Pflanzenliebhaberin zwar nicht verstehen, aber andersrum konnten andere Menschen auch ihre Angst nicht verstehen, also sollte man wirklich Verständnis auch für die Ängste anderer aufbringen, denn vor irgendetwas hat jeder Angst, auch wenn Menschen ihre Ängste nicht gerne zugaben und versteckten.

Dazu hatte Priscilla mal einen klugen Spruch gelesen: „Des einen Paradies ist des anderen Hölle.“

Ganz in Gedanken räumte Priscilla ihre Gartensachen wieder in die dafür vorgesehenen Regale unterhalb von dem für einige Menschen beängstigenden Gemüse.

Jetzt noch den Müll nach draußen bringen und dann ist Feierabend. Rasch griff sie sich Müllbeutel und Haustürschlüssel und begab sich auf den Weg nach draußen.

Auf den Stufen rechts vor der Haustür kniete ein kleines ungefähr acht Jahre altes Mädchen.

„Na“, fragte Priscilla, „wer bist du denn?“

Das Mädchen sah erschrocken auf. „Ich bin Tonja“, sagte die Kleine, „und wohne nebenan. Lexa ist mir runtergefallen und hat sich in dem Spalt unter dieser Treppe versteckt. Ich muss sie da raus bekommen, sonst wird sie noch von einem Vogel gefressen.“

Tränen standen der Kleinen in den Augen. Priscilla legte besorgt den Arm um sie und fragte: „Wer ist denn Lexi? Ich helfe dir gern, sie zu finden.“

Tonja strahlte sie an. „Lexi ist meine Lieblingsraupe. Ich hatte sie auf ein Blatt gesetzt, damit sie in Ruhe fressen kann, und dann ist sie in dem Spalt verschwunden.“ Aufgeregt wies er unter die Eingangstreppe.

„Bitte?“ Priscilla bemerkte, dass ihre Stimme einen leicht schrillen Klang bekam. „Was sagst du da? Du suchst eine RAUPE, die LEXI heißt?! Das ist nicht dein Ernst, oder?“

Die kleine Tonja sah sie mit großen ängstlichen Augen an. „Was ist denn daran so schlimm?“, fragte sie.

Darauf konnte und mochte Priscilla kaum antworten, aber sie hatte gelernt, dass man über seine Ängste sprechen musste, damit jemand anders einen verstehen konnte. Sie setzte sich zu Tonja auf die Treppe und erzählte ihr etwas über ihre Problematik mit Krabbel-, Flieg- und Kriechtieren.

Tonja wurde sehr ernst, und dann sagte sie Folgendes: „Jedes Lebewesen hat ein Recht auf Leben und hat seine ganz eigene Funktion. Niemand ist nutzlos, selbst das kleinste Insekt nicht, wir sollten mehr Achtung vor der Schöpfung haben."

Rums ... das hatte gesessen, Priscilla war zutiefst beeindruckt, ein kleines Mädchen brachte es auf den Punkt. So hatte sie das noch gar nicht betrachtet. Beschämt von so viel Weisheit eines Kindes senkte sie ihren Kopf und ließ die Worte von Tonja auf sich wirken. Diese sprang plötzlich auf und rief: „Da bist du ja, Lexi. Mach das nie wieder." Behutsam setzte sie die Raupe auf ihre Hand, dann sah sie Priscilla an und sagte: „Komm mal bitte mit, ich möchte dir meine Puppen zeigen."

Beherzt stand Priscilla auf und folgte Tonja zum Nachbarhaus. Dort angekommen öffnete Tonja mit einer Fernbedienung das Garagentor ihres Elternhauses und bat Priscilla, hinein zu kommen. Und dann ... Priscilla glaubte, in einem Albtraum gelandet zu sein, an der rechten und linken Wand der großen Garage befanden sich bis unter die Decke, von einem milden lila Licht angestrahlt, Terrarien, alle fein säuberlich beschriftet und eingerichtet, ganz nach den typischen Gewohnheiten des darin wohnenden Insekts.

Mit einigem Entsetzen las Priscilla die diversen Beschriftungen, Heuschrecken, Raupen, Samtschrecke, Gottesanbeterin, Tausendfüßer, Stabschrecken, Vogelspinnen, Skorpione, Ameisen und vieles mehr.

Priscilla brach der Schweiß aus, Tonja sagte ganz ruhig: „Das, Frau Lorenzen, sind meine Puppen."

Damit setzte sie die Raupe zurück in das dafür eigene Terrarium. An kleinen Zweigen und Blättern hingen dort merkwürdige braune irgendwie trockene Röllchen, erstaunt sah Priscilla, dass mehrere dieser Röllchen sich schon begonnen hatten zu öffnen und aus einigen falteten sich mit zerknitterten Flügelchen tatsächlich Schmetterlinge. Vor Schmetterlingen hatte selbst Priscilla keine Angst, im Gegenteil, diese hatte sie immer als absolute Glücksbringer betrachtet und erfreute sich an den vielfachen Farben und der Artenvielfalt.

Jetzt stand sie ganz erschüttert vor diesem Riesen-Terrarium und sah, wie sich immer mehr Schmetterlinge aus den Röllchen entwickelten.

Tonja sagte leise: „Lexi ist noch nicht so weit, aber irgendwann wird auch sie so weit sein. Aus ihr wird ein Monarchfalter, eine der wenigen, die ich habe, und deswegen wäre es schlimm gewesen, sie zu verlieren."

Jetzt begann die kleine Tonja, von ihren Insekten und den Terrarien zu erzählen, und Priscilla hörte aufmerksam zu. Sie hörte Geschichten von Herkules, der Vogelspinne, und von TimTam, der Gottesanbeterin, von Tilman, dem Skorpion, und von dem großen Volk der Ameisen. Es war ungeheuer interessant, was Tonja zu erzählen hatte, und ganz nebenbei erfuhr Priscilla, dass Tonjas Vater ein bekannter Entomologe war (das ist ein Insektenforscher) und dass Tonja schon von klein auf mit Insekten zu tun hatte.

Nach geraumer Zeit kam Tonjas Mutter dazu, um ihre Tochter zum Abendbrot zu holen. Für Priscilla war die Zeit wie im Flug vergangen. Schnell verabschiedete sie sich von Tonja und ihrer Mutter, gleich mit dem festen Versprechen, wiederzukommen, um die Entwicklung von Lexi zur sogenannten Puppe und danach zum Schmetterling zu erleben.

Das waren also die etwas anderen Puppen der kleinen Tonja gewesen. Lächelnd bereitete Priscilla das Abendessen für Helge zu und dachte über die klugen Worte des Mädchens nach. „Jedes Lebewesen hat seine ganz eigene Funktion und ein Recht auf Leben. Niemand ist nutzlos und wir sollten mehr Achtung vor der Schöpfung haben."

Beherzt griff sich Priscilla eine leere Streichholzschachtel, zog die Vorhänge auf, öffnete das Fenster und nahm die kleine Raupe mit dem Blatt, auf dem sie saß, aus dem Balkonkasten, setzte diese damit vorsichtig in die Schachtel, grinste und murmelte: „Morgen bringe ich dich zu Tonja, die wird sich über eine neue Puppe freuen."

Du kannst dir sicher selbst denken, wie diese Geschichte weitergeht, oder? So viel sei dir jedoch verraten, Priscilla verlor all ihre Ängste vor Krabbel-, Kriech- und Fluginsekten und man sieht an dieser Geschichte, dass man seine Ängste überwinden kann, wenn man sich direkt mit ihnen konfrontiert und bereit ist, drüber zu sprechen.

Eine große Show (Inuk)

Als Inuk in ihrem „eisbärgerechten“ Gehege erwachte, dachte sie erst, sie sei wieder zu Hause, ja, sie konnte förmlich die weiten der Arktis spüren und es roch auch ein wenig danach.

Benommen setzte sie sich auf und … brausender Beifall empfing sie. Hunderte von Menschen klatschten in die Hände, lautes Stimmengewirr begleitet von Blitzlichtern.

Natürlich wusste Inuk nicht, dass das begeisterte Menschen waren, die alle gekommen waren, um den heutigen Höhepunkt des Tages zu erleben: Sie und die Einweihung des neuen Eisbärgeheges im großen Städtischen Zoo, sogar RTL und die Presse waren da, um darüber zu berichten.

Inuk war angekommen. 4.225 Meilen von ihrem Zuhause entfernt. Das sind umgerechnet 6799,478 Kilometer, in einem sogenannten Zoo, als Attraktion und zur Belustigung und Erbauung der großen und der kleinen Menschen.

Inuk hatte von der weiten Reise, in deren Verlauf sie immer wieder Beruhigungsmittel bekam, starkes Kopfweh. Torkelnd richtete sie sich auf und murmelte: „Mama?... Mama, wo bist du?“

Der Beifall und die Blitzlichter wurden immer stärker und Inuk musste ihre Augen schließen.

Was war passiert? Ängstlich verzog sie sich so weit wie möglich in die hinterste Ecke ihres Geheges und versuchte nachzudenken.

Aufgewacht war sie zum ersten Mal in einem Reisecontainer mitten auf der Nordwestpassage, das ist ein 5780 langer Seeweg, der nördlich des amerikanischen Kontinents den Atlantischen Ozean mit dem Pazifischen Ozean verbindet. Ihr sogenannter Tierpfleger hatte ihr eine Nadel in den Po gepiekt. Das hatte sehr wehgetan, auch wenn der Mann immer wieder vor sich hingemurmelt hatte, es würde gar nicht wehtun.

Inuk hatte davon Panik und Angst bekommen, war kurz danach aber gleich wieder in Lethargie verfallen. Lethargie oder lethargisch sagt man, wenn einem alles egal wird und man nichts mehr richtig wahrnimmt.

An die Schifffahrt selber konnte sich Inuk aus nachvollziehbaren Gründen nur ganz vage erinnern, dafür aber an das große Chaos, das auf dem Eis stattgefunden hatte, als ihre Mama verzweifelt versucht hatte, Inuk zu schützen.

Inuks Mama war eine unglaublich liebe Mama, die, wie eine Bärin es auch sollte, für ihr Junges kämpfte, aber sie konnte diesen Kampf nicht gewinnen, denn die Männer waren bewaffnet und fingen an, auf Inuks Mama zu schießen. Anstatt wegzulaufen, hatte sich Mama Bär hoch aufgerichtet vor ihre Tochter gestellt.

Erst erstarrten die Männer vor Schreck, denn Inuks Mama war schon eine sehr imposante Erscheinung, mit 400 kg Gewicht und einer aufgerichteten Größe von drei Metern. Dazu Krallen, die scharf wie Rasiermesser waren, und einem Gebiss, das Knochen wie Butter auf Anhieb zermalmen konnte. Dagegen hätten die Männer unbewaffnet keine Chance gehabt.

So aber schossen alle gleichzeitig auf Mama Bär. Inuk hörte sie noch laut schreien und brüllen vor Schmerz. Dann wurde alles rot, es gab einen harten Schlag und Inuk erwachte erst wieder in diesem Überseecontainer.

Die Überfahrt hatte 14 Tage gedauert, weil das Schiff zwischendurch immer mal wieder in einem Hafen festmachte, um neue Ladungen aufzunehmen. In dieser Zeit bekam Inuk immer wieder mal wieder diesen Piecks in den Po und man zwängte ihr über einen Schlauch püriertes Fleisch in den Hals, damit sie bei Kräften blieb.

Als der Container mit Inuk endlich im Zielhafen ausgeladen wurde, war Inuk völlig fertig, zumal sie auch noch die Augen geöffnet hatte, als der Container an einem Kran freischwebend in der Luft hing. Danach ging es mit einem großen Lkw weiter.

Es gab wieder einen Piecks in den Po und dann war Inuk hier aufgewacht.

Nun saß sie also in dieser Ecke und schlotterte vor Angst. Was würde noch alles auf sie zukommen?

Menschen drängten sich um das Gehege und schienen auf etwas Wichtiges zu warten. Eine laute Ansage über ein Mikrofon bat die Besucher, sich noch etwas zu gedulden. Nach einiger Zeit öffnete sich eine in der Seitenwand verborgene Tür direkt hinter Inuk und ...

Zwei riesengroße Eisbären schoben sich ins Gehege, Inuk starrte die beiden mit großen Augen an, schloss diese dann ganz fest und rollte sich ängstlich zusammen.

„Wat is denn mit di meen Jung", schmetterte Inuk eine tiefe Stimme entgegen.

„Er hat Angst, das siehst du doch", sagte eine andere sehr sanfte Stimme.

„Watt? Wovor sull de den Angst harm?", grollte die tiefe Stimme mit dem komischen Akzent .

„Vor dir, du ollen Dösbattel", antwortete die sanfte Stimme. „,… dass du auch immer so laut sein musst."

Etwas berührte sanft Inuks Kopf. „Du scheinst unser neues Adoptivkind zu sein, meine Kleine. Ich freue mich sehr, denn ich habe auf dich gewartet. Mein Name ist Nanuk. Das heißt in der Sprache der Eskimos Eisbär, und der laute Knurrhahn da vorne, das ist Hannes. Er ist hier im Zoo geboren, deswegen der hanseatische Name und seine merkwürdige Aussprache.

„Na, na, na, na, nu ward mal nich schnippsch, meen Deern“, brummelte Hannes.

Inuk hob den Kopf, sah die beiden an und fragte leise: „Wo bin ich denn hier“?

„Im Hanseatischen Zoo, meen Deern“, sagte Hannes. „Herzlich willkommen zur großen Show. Daran musst du dich gewöhnen, det is immer so, wenn Nü angetreckt kumen un Wochenend un sunndachs.“

„Er meint, das das immer so, wenn neue ankommen“ übersetzte Nanuk und lächelte ein bezauberndes Eisbärenlächeln. „Du musst erst mal richtig ankommen, meine Kleine, dann wirst du sehen, dass es hier gar nicht sooo schlecht ist. Dieses Gehege ist neu und es werden noch andere Eisbären ankommen, aber Hannes und ich sind als deine Zieheltern vorgesehen, unser eigenes Junges ist bei der Geburt gestorben und da mein Körper genug Milch produziert, haben die Chefs hier beschlossen, dass du von mir großgezogen werden sollst. Bitte hab keine Angst mehr, Inuk. Wir werden dich lieben wie unser eigenes Kind.“

Damit drückte sie Inuk liebevoll an sich und auch Hannes klopfte ihr freundlich auf die Schulter.

„Datt wart schon allet, meen kleener Schittbüddel, du“, brummte er.

Inuk ging es jetzt schon sehr viel besser als vorher und sie atmete erleichtert auf. Es würde bestimmt dauern, sich einzugewöhnen und die bösen

Erlebnisse zu verarbeiten, aber Hannes und Nanuk waren so freundlich, dass sie ihnen versuchen würde, eine gute Tochter zu sein. Ihre eigene Mama würde Inuk niemals vergessen, aber sie musste jetzt brav und vernünftig sein, damit Mama auch im Himmel immer stolz auf sie sein konnte. So ist es wohl im Leben, andere bestimmen unser Schicksal und wir alle müssen lernen, damit umzugehen oder es ändern.

Irgendwie sind die Menschen zu beneiden, dachte Inuk, auch wenn sie kein Fell haben und nur zwei Beine, aber sie können ihr Schicksal selbst in die Hand nehmen und bestimmen, wo, wann und wie sie leben wollen. Bei uns Tieren ist das unmöglich, der Mensch bestimmt über uns. Wir werden nicht gefragt und müssen mit allem zurechtkommen, ob es uns gefällt oder nicht.

Das Heimweh und die Erinnerung an die Arktis würden Inuk ein Leben lang begleiten, doch sie würde das Beste daraus machen und wenn für die Menschen eine „große Show" dazugehörte, dann war es eben so.

Und vielleicht, ganz vielleicht, gab es unter diesen kleinen und großen Menschen ein paar, die gar nicht so schlimm waren und mit denen man sich anfreunden konnte?

Was hatte ihre Mama immer gesagt?

„Die Hoffnung ist das, was man braucht, um in der Realität nicht unterzugehen."

Zwei Jahre später war Inuk einer der zahlreichen Eisbären im großen Eisbärgehege. Sie hatte sich an den Trubel gewöhnt und besonders die kleinen Menschen gefielen ihr gut. Die brachte Inuk immer wieder gerne zum Lachen, wenn sie ihre Kapriolen im Wasser drehte, Hannes und Nanuk waren sehr stolz auf ihre Tochter, die zur Hauptattraktion der großen Show geworden war und die mit einer Selbstverständlichkeit das Publikum in ihren Bann zog, als habe sie ihr Lebtag nichts anderes getan.

Wenn du in den Zoo gehen solltest, denke bitte daran, dass die Tiere dort meistens nicht aus deinem Land kommen und manche total gestresst und verängstigt sind. Erwarte keine Kunststücke und sei respektvoll, denn du kannst nicht wissen, was die Tiere alles hinter sich haben. Den ganzen Tag von Menschen angestarrt zu werden, ist sicher nicht einfach und so manch ein Tier, egal welcher Rasse, wäre lieber wieder zu Hause als in einem Zoo.

Eines ist sicher, sie geben alle ihr Bestes und wir sind es ihnen schuldig, das Gleiche zu tun.

Gar nicht so blöd – Rolf das Schaf

Mein Name ist Rolf …, ja, ROLF, und ich bin ein Schaf. Ich bitte euch jetzt sehr, von weiteren möglicherweise dummen Bemerkungen Abstand zu nehmen, denn die musste ich in meinem Leben schon weiß Gott genug ertragen.

Wieso Menschen glauben, dass wir Schafe alle dumm oder blöd sind, weiß ich nicht, aber ich weiß, dass es dumm ist, von jemandem zu behaupten, er sei dumm oder blöd, wenn man denjenigen nicht persönlich kennt, denn DAS ist DUMM und blöd!

Natürlich gibt es dumme Schafe, aber genau so gibt es dumme Menschen, und trotzdem behaupte ich nicht, dass alle Menschen dumm sind, denn das wäre wiederum auch wieder dumm, aber lassen wir das und beginnen am besten noch mal von vorne.

Also ich heiße Rolf und bin ein Schaf, ein sogenanntes schlichtes Hausschaf. Meine Besitzerin hat mich mit der Flasche großgezogen und mir viele Dinge beigebracht, so kann ich zum Beispiel das Tor vom Gatter eigenständig öffnen und schließen oder die elf Stufen zur Haustür hochlaufen und mit meiner Schnute klingeln. Das mache ich sehr gerne, wenn Besuch da ist, denn Menschen finden es meistens unglaublich und sind erfreut, wenn ein „dummes Schaf" so etwas kann.

Die Welt ist eben mit Vorurteilen gepflastert und ich versuche, diese immer, so gut es geht, zu widerlegen, damit man Schafen endlich etwas mehr Respekt entgegenbringt.

Hier, bei uns in Deutschland, gibt es über 50 verschiedene Schafrassen, die Oberkategorie dieser 50 lässt sich aber ganz leicht in sechs Hauptkategorien unterteilen. Das wären dann Haarschafe, Bergschafe, Landschafe, Merinoschafe, Milchschafe, und … um es mal ganz leise und vorsichtig auszudrücken, damit die anderen mich nicht hören … „Fleischschafe".

Eigentlich hört man ja schon an den Namen, wofür die Menschen uns brauchen. Die einen liefern Milch und Käse, die anderen warme Wolle für Kleidung, wieder andere werden leider … das möchte ich jetzt nicht unbedingt ausführen, aber du kannst es dir sicherlich selbst denken ... ich sage nur „Fleisch".

Auf der ganzen Welt gab es 2018 (sorry, ich habe schon länger nichts Aktuelles mehr darüber gehört) 1,2 Milliarden Schafe, davon 50% Prozent in Asien, 30% Prozent in Afrika und bei uns in Europa gibt es immerhin 10% Prozent.

Inzwischen dürften die Zahlen erheblich gestiegen sein, da wir ja schon das Jahr 2024 schreiben und seit der letzten Zählung schon sechs Jahre vergangen sind.

In Irland gibt es sogar mehr Schafe als Einwohner, das hat mir mein Mensch erzählt, weil es ihr Lieblingsland ist, aber auch in Australien sind wir gut vertreten, denn dort gibt es mehr Schafe als irgendwo anders auf der Welt: sage und schreibe 125 Millionen. Allerdings ist Australien ja auch ein Kontinent und keine Insel, so wie Irland, und damit natürlich sehr viel größer. Flächenmäßig sogar 20-mal größer als Deutschland.

Man kann also deutlich erkennen, dass wir Schafe durchaus beliebt sind, wenn uns nur nicht dieses Vorurteil der Dummheit wie eine Wolke überdecken würde.

Mein Mensch ist eine Frau, die sehr klug ist. Ihr Name ist Vanessa und die sagt, jedes Tier kann alles lernen und das Tier spiegelt seinen Menschen wider, und wenn der Mensch eben nicht die Weisheit mit Löffeln gegessen, äh ... eigentlich heißt das ja gefressen, aber ich möchte mich hier kultiviert ausdrücken, damit ihr keinen falschen Eindruck von mir bekommt. Also mal ganz einfach formuliert, wenn der Mensch nicht klug ist, ist es auch sein Tier nicht. Ein altes deutsches Sprichwort sagt sogar: „Wie der Herr, so das Gescherr“, was nichts anderes bedeutet, als dass ein Tier immer das tut, was sein Mensch ihm vorgibt.

Ich persönlich habe das wahnsinnige Glück gehabt, an Vanessa geraten zu sein, und ich spiegele mich gerne in ihr, denn sie ist Tierärztin und, wie schon gesagt, sehr schlau.

Letzten Sommer hat Vanessa mich mit dem Autohänger mit nach Nordfriesland genommen, dort habe ich unglaublich viele Schafe am Deich gesehen. Ein vernünftiges Gespräch hat es allerdings zwischen uns noch nicht gegeben. Alle waren total aufgeregt und liefen in Panik von rechts nach links, weil ein paar Jugendliche und Kinder sie mit lautem Geschrei erschreckt hatten. Das kann natürlich leicht ins Auge gehen, denn davon kann ein Schaf aus lauter Angst einen Herzinfarkt bekommen und sterben.

Wenn ihr so was mal seht, dann greift bitte ein, denn wir Schafe sind Fluchttiere und unser Instinkt ist so angelegt, dass wir bei sehr lauten Geräuschen oder bei einer empfundenen Bedrohung schnellstens flüchten. Das hat aber nichts mit Dummheit zu tun.

Merkwürdig finde ich, dass unsere Kinder, die Lämmer, über alles geliebt werden. Na gut, auch die enden manchmal zu Ostern als Lammbraten auf dem Festtagstisch, aber im Großen und Ganzen sagen die Menschen, dass so ein kleines Lämmchen einfach nur niedlich ist. Sie nehmen es gerne auf den Arm und wollen es ständig streicheln.

Bei Menschen ist das wohl ähnlich, jeder findet Babys süß, aber sobald das Baby heranwächst und größer wird, wird es erzogen, und so manches, was vorher erlaubt war, ist nun verboten.

Mir ging es natürlich genauso, als ich klein war und noch nicht so viel gelernt hatte. Eines Tages wollte ich einfach auf Vanessas Schoß sitzen und versuchte mit aller Kraft, das zu erreichen. Leider war ich da schon 1,15 Meter groß und wog 130 Kilogramm. Zu meiner Vereidigung muss ich sagen, dass es viel größere Schafe gibt als mich. Wir Männer können schon um die 1,25 Meter groß werden und sogar bis zu 200 Kilogramm wiegen ... so gesehen hat Vanessa noch mal Glück gehabt.

Heute, wo ich mehr weiß als in jungen Jahren, würde ich so was natürlich nicht mehr machen, und das weiß Vanessa auch, sie kann mir völlig vertrauen.

Es gibt so wunderbare Menschen und ich wünschte mir manchmal, einen zu treffen, so jemanden wie Vanessa, vielleicht ja irgendwann? Unter euch sind bestimmt einige, die versuchen werden, Tiere, in diesem Fall natürlich Schafe, zu verstehen, oder?

Meine Kollegen sind nicht dumm, und wenn man sich Mühe macht, erkennt man, wie gelehrig auch Schafe sein können ... nicht alle, natürlich nicht, ich sagte ja bereits am Anfang, dass es unter allen Lebewesen kluge und dumme gibt, davon nehmen wir Schafe uns nicht aus.

Aber wusstet ihr, dass wir NOCH schlauer sind, als von einigen im Allgemeinen angenommen?

Wir können zum Beispiel die Gesichter von Prominenten erkennen und diese gut auseinanderhalten, außerdem würden wir zielgenau aus einem Labyrinth herausfinden.

Das Beste ist jedoch noch, dass wir uns untereinander an unseren Gesichtern erkennen können, auch wenn wir uns ein paar Jahre nicht gesehen haben, und damit hat, wie man hört, ja sogar der Mensch hin und wieder Schwierigkeiten.

Jetzt habe ich so viel von uns Schafen erzählt, dass ich ganz verpasst habe, euch zu fragen, ob ihr zu den Menschen gehört, die Schafe für dumm halten?

Nein? Was anderes hätte ich auch gar nicht von euch erwartet und falls jemand doch noch Zweifel haben sollte, dann kommt doch einfach mal nach Nordfriesland. Ich unterrichte dort am Husumer Dockkoog, jedes Jahr eine von Vanessas Schafherden, sprecht mich einfach mal an.

Mein Name ist Rolf … und ich bin ein kluges Schaf!

Hirsch heiße ich – (oder wie etwas falsch Ausgesprochenes zu Missverständnissen führt)

Hilmar Hirsch war mal wieder alleine, denn egal, wie sehr er sich auch bemühte, alle anderen Tiere im Wald machten einen Bogen um ihn. Erst letztens war ihm an der Wasserstelle ein entzückendes Reh begegnet, mit dem er sich sehr gerne länger unterhalten hätte. Als es fragte, wer er sei und was er täte, antwortete Hilmar aufrichtig und aus vollem Herzen: „Hirscheißich“, denn Hilmar war jemand, der seine Wörter und Sätze ohne Punkt und Komma heraussprudelte, alle Silben aneinanderhängend, ohne die einzelnen Wörter zu betonen

So war es also kein Wunder das, dass Reh sich naserümpfend entfernte und dachte: Was für ein ungehobelter Klotz.

Hilmar hingegen hatte keine Ahnung und dachte traurig über seine Einsamkeit nach. Er hatte schon seinen Vater Hillebrand danach gefragt. Dieser meinte nur, Hilmar würde wohl zu laut röhren und das käme wohl, ebenso wie lautes Sprechen, nicht so gut an und er könne beim besten Willen nicht nachvollziehen, wieso das so sei, denn ein Hirsch röhre nun mal, genau wie ein Pferd wiehern und ein Schwein grunzen würde.

Die Antwort seines Vaters hatte Hilmar nun nicht unbedingt weitergeholfen, aber wie fast alle Erwachsenen hatte Hillebrand wohl etwas anderes im Kopf gehabt, denn er war auf dem Weg zu einem neuen Waldabschnitt gewesen, den er dringend erkunden musste, um für die gesamte Familie, die man bei Hirschen und Rehen übrigens Herde nennt, einen geschützten Unterstand für den herannahenden Winter zu finden.

Hierzu wäre noch zu sagen, dass Hilmar und Hillebrand sogenannte Rothirsche waren. Das sind sehr soziale Tiere, aber männliche und weibliche Tiere waren in getrennten Gruppen unterwegs und trafen sich nur zur Paarungszeit. Dann lebte man in einem sogenannten Brunftrudel zusammen und aus diesem Grund konnte Hilmar auch nicht seine Mutter Hilde fragen, denn diese lebte mit anderen Hirschkühen in einem weit abgelegenen Mischwald und man würde sich erst im September nächsten Jahres wiedertreffen. Im Zuge dessen würde Hilmar alle weiblichen Mitglieder seiner Herde wiedertreffen und sich dort Rat und Antwort holen können, aber das würde ja noch andauern, denn es war gerade einmal November.

Heute war es wieder passiert, eine Gruppe von Waldbewohnern stand an der Wasserstelle und stellte sich gegenseitig vor.

„Reinecke Fuchs mein Name, sehr angenehm." Damit verneigte der Fuchs sich, was einen sehr eleganten Eindruck machte.

„Ingo, Ingo Igel heiße ich und meine Tochter heißt Inge", ließ sich ein Igel vernehmen und erhob sich auf seine Füße, um etwas größer zu wirken.

Und so ging es weiter, alle Waldtiere stellten sich der Reihe nach vor, bis die Reihe an Hilmar war. Dieser röhrte erst mal laut, wie es bei einem Hirsch üblich war, und danach sprach er schnell, um es hinter sich zu bringen.

„Hirschheißenichundmeinvater."

Eine lähmende Stille machte sich unter den Anwesenden breit.

„Was für eine Frechheit", sagte die Bache (so nennt man eine Wildschweinmutter) zu ihren Frischlingen (so nennt man die Wildschweinkinder). „Abmarsch, wir gehen. Das ist nichts führ eure Ohren." Und die ganze Familie machte sich schleunigst davon.

„Hast du so was Unverschämtes schon mal gehört?", fragte das Eichhörnchen den Dachs.

„Unfassbar", murmelte dieser und schüttelte seinen ergrauten Kopf, denn er war schon etwas älter. „So ein Benehmen hätte es zu meiner Zeit nicht gegeben."

Reinecke Fuchs brachte es auf den Punkt. „Das ist asozial", schnaufte er, „einfach nur asozial!"

Nur die Eule drehte nachdenklich ihren klugen Kopf von rechts nach links, trat von einem Fuß auf den anderen und sah von ihrem Platz auf dem untersten Ast einer Tanne zu, wie auch alle anderen Tiere empört davoneilten.

Jetzt stand nur noch Hilmar allein an der Wasserstelle, aber jeglicher Durst war ihm vergangen. Traurig, mit dicken Tränen in den Augen stand er da und verstand die Welt nicht mehr. Was hatte er denn nun schon wieder falschgemacht?

„Hey, du …"

Hilmar hob den Kopf, als er die Stimme über sich hörte.

„Ja, genau du … dich meine ich." Die Eule räusperte sich. „Wie ist dein Name?"

„Hirschheißich", antwortete Hilmar leise.

„Na, ich hoffe, nicht", lachte die Eule. „Mein Name ist Hèrvinè und ich beobachte dich jetzt schon eine ganze Weile. Du scheinst wohl ein kleines Problem mit dem Artikulieren deiner Wörter zu haben, mein Guter."

Hervine flog noch eine Etage tiefer, damit sie mit Hilmar auf Augenhöhe war.

„Womit?", staunte Hilmar. „Ich habe ein Problem womit? Arillieren? Was ist das denn??"

„Artikulieren", sagte Hervine. „Artikulieren! Artikulationsstörungen sind Abweichungen bei der Aussprache von Lauten oder Lautverbindungen aufgrund sprechmotorischer Probleme. Bei dir scheinen es mir phonologische Störungen zu sein, die dazu führen, dass Laute nicht an der korrekten Position im Wort verwendet werden können."

„Ach", sagte Hilmar, „und was heißt das jetzt genau?"

„Ganz einfach", sagte Hervine, „nehmen wir mal einfach meinen Namen als Beispiel. Du kannst ihn aussprechen wie Erwin mit H davor und E am Ende, dann würde ich schlicht und einfach Hervine heißen. Das wäre einfach grauenvoll."

Hilmar kam ins Grübeln. „Was sollte daran denn nun grauenvoll sein?"

„Die Aussprache macht es", sagte Hèrviné, „die Aussprache. Mein Name wird mit einem Akzent gesprochen und das muss man beim Sprechen auch hören, also *Hèrviné*."

„Aha", sagte Hilmar, „und was bedeutet das jetzt in meinen Fall?"

„Ganz einfach", sagte Hérminé, „du musst die Wörter deutlich trennen, hör mal selbst den Unterschied." Und sie fing an, Hilmar zu erklären, wie wichtig es war, Wörter und Sätze mit der richtigen Betonung auszusprechen.

Jetzt wurde Hilmar klar, wieso die anderen Tiere Reißaus nahmen, wenn er sich vorstellte, und es war ihm sehr peinlich. Die anderen hatten also nicht seinen Namen verstanden, sondern dass er sein großes Geschäft vor Ort verrichten wollte und, noch schlimmer, er und sein Vater.

Richtig ausgesprochen würde es also „Hirsch heiße ich" und nicht „hierscheißich" heißen.

Hilmar war Hèrviné unendlich dankbar. Im Verlauf ihres Gesprächs erzählte Hèrviné ihm, dass sie Lehrerin an der Waldsprachschule sei und Hilmar dort sehr gerne weiter unterrichten würde.

Und so kam es, dass Hilmar ein paar Wochen später keine Schwierigkeiten mehr hatte, sich kultiviert auszudrücken. Beim ersten Zusammentreffen mit den anderen Tieren an der Wasserstelle entschuldigte sich Hilmar in aller Form und stellte das Missverständnis richtig.

Alle waren darüber erleichtert, dass sie nun doch keinen unerzogenen Rüpel in ihrer Mitte hatten. Einige schämten sich sogar, nicht von selbst auf die Idee gekommen zu sein, einmal nachzufragen.

Daraus sollte man durchaus eine Lehre ziehen, oder? Denn bevor man etwas oder jemanden verurteilt, hat man ja die Gelegenheit, einfach mal zu fragen. Die kluge Hèrviné hatte das sofort erkannt und Hilmar damit viel Leid und Tränen erspart.

Wenn also mal jemand etwas sagt oder tut, was wir nicht sofort verstehen, sollten wir einfach fragen, denn nur wer fragt, bekommt eine Antwort, und diese ist meist die Lösung aller Probleme.

Katz und Maus

Carlo gähnte so stark, dass sein Kiefer knackte. Eine unendliche Müdigkeit machte sich in seinem Körper breit. Diese Müdigkeit war immer da, jeden Tag und jede Nacht, und erstreckte sich vor allem auf seine vier Pfoten und den Kopfbereich.

Diese Art von Müdigkeit nannte sich auch Faulheit und sein Herrchen hatte ihn schon mehrfach deswegen gescholten, nichtsdestotrotz überkam ihn diese „Faulheit" immer wieder und dann musste sich Carlo einfach schnell niederlegen, um sich und andere zu schützen, so dachte er jedenfalls.

Carlo war ein stattlicher großer schwarzer Kater mit einem eingerissenen Ohr und er hegte eine große Vorliebe für Mäuse.

Ihr mögt jetzt vielleicht denken, das wäre ja ganz normal für eine Katze, aber die Vorliebe ging bei Carlo in eine ganz andere Richtung.

Anstatt, wie von seinem Herrchen erwartet, die Mäuse zu jagen, um sie dann nach einem angemessenen Spiel zu verzehren, liebte Carlo Mäuse heiß und innig. Er fand sie einfach zu niedlich und wäre niemals auf die Idee gekommen, Jagd auf sie zu machen

So war er mit der Zeit mit allen Mäusen in der Umgebung, und das waren immerhin über 1.400 Stück, befreundet. Ja, nicht nur das, er war quasi ihr Ziehvater. Gab es Probleme, war Carlo die erste Anlaufstelle und erst vor ein paar Wochen hatte man ihn zum Vorsitzenden der Mäusepartei MP gemacht.

Die Mäuse sorgten gut für Carlo, von Fell-, Barthaar- und Ohrenpflege bis hin zur köstlichsten und auserlesensten Versorgung stimmte einfach alles. Da Carlo sehr stark war, scheute er sich auch nicht, seine Mäuse vor anderen Katzen zu schützen, und das war dann auch der einzige Grund für Carlo, sich zu bewegen.

So stieg Carlos Gewicht immer höher, auch die Mäuseplage auf dem Hof, auf dem er lebte, und im dazugehörigen Dorf wurde immer größer.

Sein Herrchen hatte ihn zwar auf Diät gesetzt, aber seine Mäusefreunde versorgten ihn aufs Beste mit allem, was sich ein Katzenherz nur wünschen konnte.

Das hätte gut so weitergehen können, wenn nicht die Liebe in Form von einer entzückenden Katzendame namens Clarissa in sein faules behäbiges Leben getreten wäre. Clarissa war „der Burner“ wie man so schön sagt, mit einem glänzenden schneeweißen langes Fell, leuchtend blauen Augen und einem entzückenden rosigen Stupsnäschen. Carlo war schon von der ersten Begegnung mit ihr hin und weg.

Clarissa kam aus der nahgelegenen Stadt und war eine reine Wohnungskatze, sie rümpfte über das

Landleben ihre Stupsnase und vor Mäusen hatte sie absolut schreckliche Angst.

So lag Carlo jetzt faul in der Sonne und sann darüber nach, was er tun könnte, um seiner Herzensdame etwas näherzukommen.

Für alles, was ihm da so einfiel, müsste er sich selber bewegen, und dazu hatte Carlo überhaupt keine Lust.

Eigentlich, so dachte er, könnte er ja einige seiner Mäuse dazu einsetzen und da er Paul, seine Lieblingsmaus, gerade über den Hof flitzen sah, rief er diese zu sich.

„Sag mal, Paulchen", sprach Carlo, „was hältst du von einem Mäusekonzert vor dem Balkon von Clarissa, der neu zugezogenen Katze aus der Nachbarschaft? Ich denke so an 500 Mäuse, das scheint mir angemessen und ausreichend."

Paul war sofort dabei, wenn der Vorsitzende der Mäusepartei einen Vorschlag machte, und so stimmte er natürlich zu. Eiligst rannte er nach Hause, um alle Musiker seiner Familie zusammenzutrommeln. Diese lebte in einem weitverzweigten Bau jenseits der Mauer, die den gesamten Bauernhof umschloss und sogar einen großen Heuschober beinhaltete.

Paul gehörte zu den sogenannten Altweltmäusen, deren Gattung 40 Arten umfasste, und einige seiner Verwandten lebten sogar auf anderen Kontinenten wie Afrika oder Asien, aber in Pauls Familie waren es alles Langschwanzmäuse.

Wie das nun mal so ist, gab es wie in jeder Familie verschiedene Talente und alle, die halbwegs musikalisch waren, wurden nun von Paul instruiert, sich am Samstagabend gegen 22.00 Uhr unter dem Balkon der neuen Katze einzufinden. Jeder wusste, wo das war, denn auf dem Dorf kennt jeder jeden.

Nachdem Paul alles erledigt hatte, rannte er schnellstens zurück zu Carlo, um diesen über den Stand der Dinge zu informieren.

So kam der Samstagabend, Clarissa lag auf dem Balkon in ihrer Hängematte und genoss den Sonnenuntergang, das war im Hochsommer ihre liebste Beschäftigung. Die dachte über den fetten Kater in der Nachbarschaft nach, den sie bei ihrer Ankunft drei Wochen zuvor gesehen hatte und der weit unter ihrem Niveau lag. Clarissa war schließlich eine echte Siam Kätzin, ihre Ur-Ur-Ur-Ur-Ur-Ahnen stammten noch aus Thailand (das ist Südostasien). Siam Katzen sind einer der ältesten Katzenrassen der Welt. Clarissas Stammbaum war so lang wie eine Rolle Toilettenpapier und hier ist die Länge der gesamten Blätter gemeint, nicht die der Rolle. Es sind circa 150, zähl gerne nach.

Es war wirklich eine ausgemacht schlimme Gegend, in die sie da mit ihrem Frauchen gezogen war, es stank nach Mist und anderen üblen Dingen und ihr Frauchen inhalierte das dann noch tief und sprach von gesunder Landluft. Igittigitt, Clarissa musste sich schütteln. Es fehlte nur noch, dass es irgendwo Mäuse gäbe, eine wahrlich schreckliche Vorstellung. Schon das Gefiepe, das diese Viecher machten, ließ Clarissas Haare zu Berge stehen.

In dem Moment, als Clarissa sich nach links drehen wollte, hörte sie es ... ein Fiepen, das durch Mark und Bein ging. Ihre Nackenhaare stellten sich auf und sie schoss mit einer schier unglaublichen Geschwindigkeit aus ihrer Liegeposition hoch ... Mäuse, das waren MÄUSE!!!!

Aber dann hielt Clarissa inne …es klang so melodisch, nach und nach setzte eine unglaublich schöne Musik ein … Clarissa war wie verzaubert. So etwas Schönes hatte sie noch nie gehört, Mozarts kleine Nachtmusik erklang, unglaublich sanft und zart und unbeschreiblich.

Clarissa sprang auf die Balkonbrüstung und schaute nach, woher diese wunderschöne Musik kam, und ... fiel fast von der Brüstung. MÄUSE ... soweit das Auge reichte MÄUSE!!!!

Im ersten Augenblick dachte Clarissa an Flucht, Panik machte sich in ihr breit, Krieg, Pestilenz, Invasion und Armageddon waren die Worte, die ihr bei diesem für sie wirklich schrecklichen Anblick durch den Kopf gingen.

Aber diese süße Musik stimmte so gar nicht mit diesen Worten überein und ob Clarissa wollte oder nicht, sie war wie verzaubert und lauschte den Klängen.

Als das riesige Mäuseorchester seine Darbietung beendet hatte, trat eine größere Maus aus der Masse, verneigte sich formvollendet vor Clarissa und ließ ihr ergebene Grüße von Kater Carlos vom Bauernhof ausrichten, der wegen diverser Unpässlichkeiten leider nicht persönlich erscheinen könne.

Clarissa glaubte, ihren Katzenohren nicht zu trauen, eine MAUS mit derartig guten Umgangsformen war einfach unglaublich und wohl einzigartig. Dann plötzlich passierte etwas Wunderbares mit Clarissa, ihr stolzes Herz ging auf und wurde butterweich und ein süßes für sie selbst unbekanntes Gefühl durchzog ihren ganzen Körper ... wir Menschen nennen es Liebe.

Clarissa klatschte Beifall und bedankte sich für das wunderbare Konzert, lud Paul auf ihren Balkon ein und dort redeten sie die ganze Nacht, beide tief beeindruckt vom Wissen und Wesen des anderen.

Seit dieser Nacht waren Paul und Clarissa unzertrennlich. Carlo wurde mit einem Murren „nur" ein guter Freund, wurde aber rank und schlank, um Clarissa zu beeindrucken. Faul war er jetzt gar nicht mehr, ganz im Gegenteil, er trieb eifrig Sport und lernte dadurch wiederum eine hübsche Katzendame im Nachbardorf kennen und lieben.

Wie man also unschwer erkennen kann, ist es eigentlich immer besser, seine Angelegenheiten persönlich zu regeln, denn wäre Carlo nicht so faul gewesen und hätte er nicht Paul zu Clarissa geschickt, vielleicht könnte er dann ... aber das lassen wir mal ganz schön bleiben, denn aus „wäre" „hätte", „könnte" und „vielleicht" ist noch nie etwas Konkretes entstanden. Erst wenn man selbst bereit ist, etwas für sich zu tun, kann man erfolgreich sein und etwas erreichen.

… und manchmal ... ja, manchmal muss man auch einfach nur zuhören, um Vorurteile zu überwinden und dadurch wunderbare Freundschafen zu schließen.

Nicht in die Wurst

Es war genau 13.45 Uhr, als Prince den Wagen des Metzgers über das Kopfsteinpflaster vom Reiterhof holpern hörte.

Dieses Geräusch kannte er gut, denn es begleitete ihn nun schon über Jahre und es löste nicht nur bei ihm Angst und Unruhe aus.

Auch Anatevka, die Stute in der Nebenbox, scharrte nervös mit den Hufen, denn auch sie wusste Bescheid. Die anderen Pferde hier im Stall waren noch naiv und voller Lebenslust.

Bei Prince und Anatevka sah das anders aus, Prince war ein Arabisches Vollblut mit nur 1,40 Metern Schulterhöhe und wirkte neben Anatevka ziemlich klein. Das hatte ihrer Freundschaft jedoch nie im Wege gestanden, ganz im Gegenteil, gerad dieser Unterschied schweißte sie zusammen.

Prince war eine kleine Besonderheit, denn er war schneeweiß. Ein Gen, das sich White Gen (W) nannte, hatte ihm seine vollständig weiße Farbe gegeben. Man nannte das auch Leuzismus, das heißt, die Melanozyten (das sind die Zellen, die den Farbstoff von Haut und Haaren bestimmen) waren aufgrund einer Mutation nicht in der Haut angekommen und somit war Prince wirklich blütenweiß.

Da Araber wie auch isländische Pferde erst mit acht Jahren ausgewachsen sind, ein Lebensalter von circa 40 Jahren erreichen und sogar noch mit über 20 Jahren sehr aktiv und leistungsfähig sein können, hatte sich Prince eigentlich nie so große Sorgen gemacht, wenn er den Wagen des Metzgers hörte. Leider war das seit einem halben Jahr nicht mehr so, denn er hatte mit nur 19 Jahren eine Arthrose in der Hinterhand bekommen, die sehr schmerzhaft war. Wenn er länger in seiner Box stand, lahmte er auf der rechten Seite, musste sich erst einlaufen und diese Bewegungen taten recht weh.

Er schaute rüber in die Nebenbox zu Anatevka. Diese zitterte etwas und wirkte sehr fahrig und nervös, aber mit ihrem pechschwarzen glänzenden Fell und der langen welligen Mähne sah sie wunderschön aus. Anatevka war ein sogenannter Friese, Friesen sind in ganz Europa stark vertreten, haben ein Stockmaß von 1,55 bis 1,75 und eine Lebenserwartung von bis zu 25 Jahren.

Ja, seufzte Prince innerlich, immer diese Lebenserwartung.

Anatevka war schon 26 Jahre alt, also sieben Jahre älter als er und ein Jahr älter als ihre eigentliche Lebenserwartung.

Und da war es wieder, das Wort „Lebenserwartung". In den letzten Tagen dachte Prince besonders darüber nach, weil er vor zwei Tagen ein Gespräch zwischen dem Pferdehofbesitzer Nissen und Herrn Gieseke, dem Besitzer eines Wallachs, mitbekommen hatte. Der Wallach war nicht lange auf dem

Hof gewesen, Prince hatte auch keinen Kontakt zu ihm gehabt, aber die Worte des Besitzers, „ab in die Wurst“, klangen noch in seinen Ohren nach und gaben ihm zu denken.

Ein wenig später erklang das gleiche Rumpeln wie heute, der Metzger kam, holte den Wallach ab und der verschwand auf nimmer wiedersehen.

Prince kannte das alles schon seit Jahren. Auf der Weide hatte er schon mit anderen Pferden darüber gesprochen und die meinten, dass die alten und kranken Pferde vom Metzger abgeholt würden, um dann … keiner sprach offen darüber, in die Ewigkeit zu gehen, unterm Huf gesprochen, meinte ein alter Hengst, ab in die Wurst, das hatte Prince jedoch, damals noch sehr jung und unerfahren, nicht verstanden.

So hatte er sich die nächsten Jahre für andere Pferde gefreut, wenn diese abgeholt wurden, um in diese Ewigkeit zu gehen, aber erst jetzt, wo er selbst älter wurde, dachte er genau über alles nach. Wenn man jung ist, will man das ja nicht so gerne.

Heute wusste er, dass Ewigkeit „Schlachthof“ bedeutete und dass es von dort keine Wiederkehr gab. So erschreckend es auch war, aber einige von ihnen kamen sozusagen einfach in die Wurst.

Er schaute rüber zu Anatevka. „Hey“, sagte er, „gehts dir gut?“

Anatevka sah auf und er entdeckte Tränen in ihren schönen braunen Augen. „Ich glaube“, sagte sie traurig, „wir müssen Abschied nehmen.“

„Waaaas?“, rief Prince. „Was redest du denn da?“

„Ach“, seufzte Anatevka, „hast du ihn denn nicht gehört?“

Prince musste schlucken, denn was sollte er dazu noch sagen? Kein Pferd im Stall sprach darüber, aber alle wussten eindeutig, was es hieß, wenn das Rumpeln vom Anhänger des Metzgers durch den Stallflur hallte.

Prince schluckte schwer und versuchte Anatevka zu trösten, doch das gelang ihm natürlich nicht.

So viele Jahre waren sie nun befreundet gewesen und das sollte jetzt das Ende ihrer Freundschaft sein? Was dachten diese Menschen sich nur? Hatten Tiere denn gar kein Recht, in Würde alt zu werden? Wir sind die besten Freunde unserer stolzen Besitzer, solange wir ihre Ansprüche erfüllen, und wenn wir dafür zu krank oder zu alt sind, essen sie uns auf? Pferde sind doch kein Schlachtvieh. Prince zitterte, wenn er an seine Arthrose dachte, bald schon würde das Rumpeln von Metzgers Anhänger auch seinen letzten Weg ankündigen.

Die Stalltür ging auf, der Metzger erschien mit Herrn Nissen, dem Reiterhofbesitzer. Beide gingen sie zu Anatevkas Box und führten die Stute heraus. Ein letzter Blick zu Prince, dann war sie fort und ein einsamer, zutiefst trauriger Prince blieb mit schwerem Herzen zurück.

Sechs Wochen später war es auch für Prince so weit, er hörte das bekannte Rumpeln des Anhängers. Herr Nissen kam mit dem Metzger und sie führten Prince in den Hänger. Prince war zutiefst erschüttert, die Wochen ohne Anatevka hatten ihm schwer zu schaffen gemacht, er hatte gedacht, wenn es mit ihm so weit wäre, würde er wenigstens vorher noch einmal seine Besitzerin Giselle zu Gesicht bekommen, aber diese hatte sich in der ganzen Zeit nicht einmal blicken lassen.

Nur Claas, der Stallbursche, pflegte ihn, brachte ihn auf die Weide und holte ihn am Abend wieder rein.

Prince sann über sein Leben nach und über die Worte eines alten Schulpferdes, das ihm vor Jahren die Geschichte erzählt hatte, dass fast alle Pferde am Ende geschlachtet und zu Wurst verarbeitet würden. Damals hatte Prince darüber nur den Kopf geschüttelt und gelacht, jetzt war ihm das Lachen gründlich vergangen, denn dieses Schicksal traf ihn offensichtlich gerade selbst.

Rumpelnd bewegte sich der Hänger über die Landstraße Richtung Autobahn. Prince wurde hin und her gerüttelt, aber sobald sie sich auf der Autobahn befanden, wurde es bodenmäßig glatter und ruhiger, dafür war die Luft erheblich schlechter und der Geräuschpegel der ganzen Autos um ihn herum machte ihm Kopfschmerzen.

Es vergingen gefühlte Stunden, bis es wieder anfing zu rumpeln und die Fahrt erheblich langsamer wurde. Die Luft roch frisch und würzig und Prince meinte, in der Ferne ein Wiehern zu hören. So ist es also, dachte er, wenn es zu Ende geht. Schwer atmend senkte er den Kopf und dachte nur, Augen zu und durch.

In diesem Moment wurde die Tür vom Hänger aufgerissen, ein jubelnder Schrei empfing ihn. „Da bist du ja endlich!“ Giselle, seine Besitzerin, drückte sich in den Hänger streichelte ihn, führte ihn nach draußen und umarmte ihn.

Prince wusste gar nicht, wie ihm geschah, sein Herz klopfte wie verrückt. Vor ihm, seitlich des Anhängers, tat sich eine riesige Pferdeweide auf und in der Ferne konnte er eine Herde Pferde erkennen, aber was er als Erstes und in nächster Nähe sah, raubte ihm fast den Atem,

Anatevka kam auf ihn zu und begrüßte ihn. „Na, alter Freund, wie gehts?“

Prince glaubte zu träumen. „Was, wieso, warum …“, stotterte er vor sich hin.

„Alles gut, mein Kleiner“, sagte Giselle, seine Besitzerin. „Komm erst mal an und erhol dich. Tut mir so leid, dass ich mich so lange nicht richtig um dich kümmern konnte, aber du siehst selbst, es hat große Veränderungen gegeben.“

Mit diesen Worten führte sie Prince auf die Weide, gab ihm einen Klapps auf die Kruppe (denn so heißt der Hintern beim Pferd) und verschloss hinter ihm das Gatter.

Anatevka kam sogleich auf ihn zu und es begann eine so große heftig und freudige Begrüßung, dass es den vielen Leuten, die sich rings ums Gatter eingefunden hatten, die Tränen in die Augen trieb.

Auch Prince und Anatevka weinten dicke große Pferdetränen vor Freude und jetzt kamen auch alle Pferde von der anderen Seite der Weide und nahmen Prince freudig in ihrer Gemeinschaft auf. Was führ ein großartiges Erlebnis.

Spät am Abend, als sich alles etwas beruhigt hatte und Prince und Anatevka in ihrem großen, nach frischem Heu duftenden Unterstand auf der Weide allein waren, erzählte Anatevka, was sich nach ihrem Verständnis in den letzten Wochen und Monaten ereignet hatte.

Giselle, die Besitzerin von Prince, hatte mit anderen Pferdeliebhabern nach langer Suche in Schleswig-Holstein einen Resthof ersteigert, den sie dann zusammen in monatelanger harter Arbeit zu einem Gnadenhof für Pferde umbaute. Hier sollten Pferde aus ganz Deutschland aufgenommen werden, die entweder zu alt oder zu krank waren. Diese sollten dort bis zu ihrem natürlichen Tod ein wunderschönes Leben führen dürfen.

Schirmherr des Ganzen war ausgerechnet „der“ Metzger gewesen, der die Pferde normalerweise abholte, um sie zu Wurst zu verarbeiten. Ihm war das Schicksal der Pferde schon lange zu Herzen gegangen und so traf die Idee von Giselle auf fruchtbaren Boden. Schnell sammelten sich einige Gleichgesinnte und gemeinsam erschufen sie diesen Pferdehof, ein Paradies für Pferde.

Und so hieß der Hof jetzt auch „Horse‘s Paradise“.

So, nun wollen wir Prince, Anatevka und den anderen ihre wohlverdiente Ruhe gönnen und uns lieber Gedanken darüber machen, was wir selbst dafür tun können, damit es Tieren besser geht.

Viele Menschen haben ein gutes Herz (selbst Metzger, wie man sieht) und vielleicht muss nur jemand eine Idee haben, um den besagten Stein ins Rollen zu bringen, denn wo viele etwas Gutes tun, entsteht immer ein Paradies.

Nur ein Wurm

Man sollte ihn nicht verachten, unterschätzen oder als nutzlos einstufen, nein, nein, ihr Lieben, das alles ist er sicherlich nicht. Er ist viel mehr als das, was einige von uns in ihm sehen.

Als Erstes einmal ist er ein Geschöpf Gottes wie wir alle, und als solches hat er seine Funktion, auch wenn diese auf den ersten Blick nicht gleich zu erkennen ist.

Von wem wir hier reden?

Vom Wurm, genauer gesagt von Vladimir von Wurm mit V geschrieben (darauf legte Vladimir immer sehr großen Wert).

Das „von“ vor seinem Namen hatte Vladimir von seiner Familie übernommen, die auf eine lange Ahnentafel derer von Wurm zurückblicken konnte.

Allerdings half ihm das im Moment auch nicht weiter, denn er steckte unter einer der großen Rillen in Förster Meinhards Gummistiefeln fest, so hatte dieser ihn, ohne es zu bemerken, aus dem Wald mit nach Hause gebracht.

Die Stiefel waren vom Regen Gott sei Dank sehr matschig und Förster Meinhard hatte sie deshalb vor der Tür ausgezogen. So hatte Vladimir eine gute Chance, sich in den nächsten Stunden befreien zu können, allerdings würde das ein ganz schöner Kraftakt werden.

Während er sich drehte und wendete, um sich aus der langsam antrocknenden Schlammkruste zu befreien, bevor diese zu hart wurde, dachte er über sein Missgeschick nach.

Vladimir hatte wie alle seine Verwandten bei dem stark einsetzenden Regen am Morgen sofort seine unterirdischen Gänge, die sogenannten Wohnröhren, verlassen, diese befanden sich bis zu drei Metern unter dem Waldboden. Regen hieß immer Alarm! Wenn man nicht ertrinken wollte, musste man zusehen, dass man an die Oberfläche kam und dass möglichst zack zack.

Regenwürmer leben nicht nur im Wald, sondern überall, wo es lockeren Boden gibt, also auch in Gärten, Wiesen und auf Äckern. Im 17ten Jahrhundert bezeichneten die Menschen den Wurm als regen Wurm, also ein Wurm, der sehr rege ist (rege ist ein altes Wort für aktiv), denn bei Regen wurden Würmer rege und sehr wendig und schnell, um ratzfatz ihre Gänge zu verlassen.

Aus diesem regen Wurm wurde also mit den Jahrhunderten unser Regenwurm.

Vladimir ächzte und stöhnte bei seinem Versuch, sich aus des Försters Gummistiefelrille zu befreien. In tropischen Ländern, so dachte er dabei, hätte er gar nicht in so eine Rille gepasst, denn seine tropischen Verwandten, die Riesenregenwürmer, wurden bis zu 300 cm lang. Vladimirs Art brachte es gerade mal auf 30 cm, auch wenn man dann einen stattlichen Wurm abgab.

Er selbst maß gerade mal 7 cm und war damit ideal passend für große Schuhrillen.

Aber man musste heutzutage ja schon froh sein, wenn man nicht gleich zertreten wurde. Seinem Freund Manuel war es vor 17 Regen so ergangen (ein Regenwurm rechnete immer in den Zeitabschnitten von Regen zu Regen). Vor 17 Regen also hatte es Manuel erwischt. Ein grausamer Tod, denn obwohl Regenwürmer sich sehr gut regenerieren können, selbst wenn sie in mehreren Stücken sind, war bei Manuel nichts mehr zu machen gewesen. Ein unachtsames Kind hatte ihn gleich mehrfach mit seinen Schuhen zertreten. Manuel hatte dabei große Schmerzen gehabt, Regenwürmer besitzen nämlich Sinnesorgane, mit denen sie Schmerzreize durchaus wahrnehmen können. Auch wenn Menschen der Meinung sind, dass bei den meisten wirbellosen Tieren wegen ihrer einfachen Hirnstruktur kein Schmerzbewusstsein existiert, konnte Vladimir als Wurm bestätigen, dass dem nicht so war. Er quälte sich hier ganz schön ab und es tat weh an seiner Haut. Außerdem würde er ja auch nicht einfach behaupten, dass ein Mensch, nur weil er doof ist, keine Schmerzen hat, oder? Denn was heißt das? Einfache Hirnstruktur? ... Genau (!) Frechheit!!!

Nicht alle Würmer sind miteinander verwandt, nur weil man sie als „Würmer“ bezeichnet. Das ist wie bei den Menschen, nicht wahr? Weil ein Mensch ein Mensch ist, ist er nicht zwangsmäßig mit einem anderen fremden Menschen verwandt.

Während sich Vladimir mit allen Kräften hin und her wand, um endlich aus dieser verflixten Rille zu entkommen, musste er auch an die Plattwürmer denken, die er persönlich zutiefst bewunderte. Es gab von ihnen circa 3000 verschiedene Arten, die frei im Süßwasser, in den Meeren oder aber auch an Land in feuchten Biotopen lebten.

Das Besondere an diesem Wurm war, dass diesem, selbst wenn ihm der Kopf abgeschnitten wurde, ein neuer Kopf mit Gehirn nachwuchs, und nicht nur das, auch alle Erinnerungen des alten Gehirns wurden übernommen. Ein wahres Wunder der Natur.

Worüber man nicht alles nachdenkt, um sich abzulenken, sann Vladimir weiter vor sich hin. Normalerweise hatte man jeden Tag genug im Kopf, ohne sich diesen noch über andere Würmer zu zerbrechen.

Wenn Vladimir Geräusche der Anstrengung von sich hätte geben können, hätte man sein Ächzen und Stöhnen wohl meterweit gehört. So aber lief sein Kampf, aus der schlammigen Schuhrille zu entkommen, absolut stumm ab. Hätte er sich etwas wünschen können, so wäre dies eine Stimme gewesen, um auf seine Not aufmerksam zu machen. So blieben ihm nur seine Kraft und seine Gedanken, um sich selbst zu motivieren. Er hatte schließlich vor, noch etwas älter zu werden, als er es im Augenblick war.

Durchschnittlich werden Regenwürmer zwei Jahre alt. Das mag sich wenig anhören, aber es waren meistens gute Jahre, in denen jeden Tag gebuddelt und gefressen wurde. Fast die hälfte des eigenen Körpergewichtes wurde so jeden Tag konsumiert, alte Pflanzenreste oder abgestorbene Blätter, alles hinein damit. Zusätzlich wird dabei die Erde auf sehr komfortable Weise aufgelockert und gedüngt, denn es werden automatisch organische Materialien wie Mist, Mulch, Stroh oder Gülle mit in den Boden eingearbeitet.

Ja, Regenwürmer sind hervorragende Gärtner, sie werden von Fachleuten sogar als Ökosystemingenieure bezeichnet, da sie maßgeblich die Fruchtbarkeit und die Beschaffenheit unserer Böden beeinflussen, Menschen sollten vielleicht mal daran denken, bevor sie die Worte „nur ein Wurm" benutzen. Auch Regenwürmer haben ein Herz, was heißt hier eins? Sie besitzen sogar fünf Herzpaare, sind also im wahrsten Sinne des Wortes durchaus nicht als herzlos zu bezeichnen.

Plumps ... uff, Vladimir hatte es geschafft, er hatte sich aus der Rille zwischen den Gummistiefeln herausgewunden, ein wahrer Kraftakt, aber Vladimir war auch trotz seiner 7 cm ein wahrer Muskelprotz, denn ein Wurmkörper besteht aus bis zu 200 Abschnitten aus Ring- und Längsmuskeln.

Also ein traumhaft durchtrainierter Körper à la Arnold Schwarzenegger (der Terminator, oder auch der ehemalige Gouverneur Kaliforniens, je nachdem wie man es sehen möchte) oder aber wie Markus Rühl (deutscher Bodybuilder), nur in Miniatur, wer hätte das gedacht?

Vladimir war dennoch ziemlich erschöpft, die Aktion hatte eine Menge seiner Kraft gekostet und dann war da noch der Rückweg.

Gut, dass er sich weiterhin mit Nachdenken beschäftigen konnte, gerade über die Menschen, die sich meistens für unfehlbar hielten. Vielleicht hatten ja auch viele von ihnen nur eine einfache Hirnstruktur?

Dabei fiel ihm eine Geschichte seiner Großmutter ein, diese hatte von einem kleinen Jungen in einem Garten erzählt, der Regenwürmer gesammelt hatte, um mit seinem Vater angeln zu gehen.

Der Junge hatte den Eimer mit den gesammelten Würmern in die Sonne gestellt, nicht aus Bosheit, sondern aus Unwissenheit. Die Würmer litten schrecklich. Der Großvater des Jungen nahm diesen bei der Hand und brachte mit ihm zusammen die Würmer in den schattigen hinteren Teil des Gartens, wo er dann alle Würmer auf dem lockeren kühlen Boden unter den Bäumen verteilte. Er sagte dabei folgende Worte: „Quäle nie ein Tier zum Scherz, denn es fühlt wie du den Schmerz."

Großmutter Agnes von Wurm hatte diese Geschichte oft erzählt, denn sie war einer der Würmer in diesem Eimer gewesen und hatte durch das Eingreifen des menschlichen Großvaters überlebt.

Es gibt also auch Menschen, die nachdenken und ihren Kindern gute Dinge beibringen.

Vladimir war so tief in Gedanken versunken gewesen, dass er gar nicht bemerkte, dass er mittlerweile zu Hause angekommen war. Unendlich erleichtert ließ er sich in seine heimische Wohnröhre gleiten und wollte nur noch eins, bis zum nächsten Regen schlafen.

Lassen wir Vladimir also erst mal wieder zu Kräften kommen und hoffen, dass es viele Menschen gibt, die nicht so dumm sind, zu glauben, dass ein Lebewesen keine Schmerzen empfinden kann.

Wir wissen jetzt, dass dem nicht so ist, nicht wahr? Denn wer das glauben sollte, hat doch eine einfache Hirnstruktur, oder?

Pfui Spinne

Thekla hörte Frau Berger schon vom weiten. Das laute Brummen des Staubsaugers hatte sie in Panik versetzt und sie war schnellstens in die hinterste Ecke der Garage geflüchtet, die sie schon seit nunmehr drei Jahren mit ihrer Familie bewohnte.

So machte Thekla den dritten Frühjahrsputz mit und wusste, was auf sie zukam. Das Jahr zuvor waren ihre beiden Brüder mit Familie dem Putzfimmel von Frau Berger zum Opfer gefallen und gestern Morgen auch ihr Großvater, der schon vier Jahre alt gewesen war und den vorderen Teil der großen Bergerschen Garage bewohnt hatte.

Nur Thekla war übrig geblieben, befürchtete aber, dass Frau Berger sie dieses Mal finden würde, denn die trompetenartige Stimme von Frau Berger hatte schon ganz früh am Morgen lautstark verkündet, dass sie sich heute den hinteren Teil der Garage vornehmen würde.

Wie jedes Mal, wenn Thekla in Panik war, ließ sie ihr Leben Revue passieren und betete um Beistand. Bis heute war alles gut gegangen, aber das Blatt konnte sich sehr schnell wenden. Ihr Großvater war sehr alt und weise gewesen und wusste eigentlich immer, was zu tun war, doch letztendlich hatte es ihn dennoch erwischt.

Thekla krabbelte in einen alten Schlittschuh, der gleich über den Schlitten der Kinder hing. Das war die einzige Möglichkeit, die ihr einfiel.

Wieso machen die Menschen das? Wissen sie nicht um die Nützlichkeit von uns Spinnen?, dachte Thekla? Auch wenn sie bei fast jeder Gelegenheit „Pfui Spinne“ schreien, wenn sie einer Spinne ansichtig werden, können sie sich doch einfach mal darüber informieren, was es mit uns Spinnen so auf sich hat. Wir schreien doch auch nicht „Pfui Mensch“, ganz im Gegenteil. Obwohl Menschen mit ihren nur zwei Beinen und zwei Armen ein wirklich ekliges Bild abgeben, halten wir Spinnen uns mit derartig beleidigenden Ausrufen zurück, denn es gibt schließlich auch sehr nützliche Menschen, die waren sogar so spinnenfreundlich, dass sie sich extra einen sogenannten Spinnenfänger kaufen. Damit können sie uns vorsichtig einsammeln und unverletzt nach draußen befördern. Diese Teile gibt es bei Amazon zu kaufen, das wusste Thekla sehr genau, denn Speedy und Spider, Zwillingsspinnen, die im Büro von Herrn Berger hinter dem Computer lebten und somit sehr gebildet waren, hatten ihr das erst letztens erzählt.

Ach ja, Herr Bergers Büro, das war ein wunderbar sicherer Platz, denn Herr Berger hatte es seiner Frau strengstens untersagt, das Büro zu betreten oder etwa dort zu putzen.

Leider war die Ecke hinter dem Computer schon für zwei kleine Spinnen recht beengt, aber dafür hatte man Bildung und Sicherheit.

Seufzend spann Thekla ein Sicherheitsnetz im Einstieg des Schlittschuhs und begab sich dann in die Fußspitze des selbigen. Sie dachte dabei an ihre Brüder und an ihre Mutter, die im Jahr zuvor von Frau Berger einfach eingesaugt worden waren. Die hatte zuvor diese zwei grausamen Worte geschrien: „Pfui Spinne!"

Thekla war stets um Bildung bemüht, denn ihr Großvater hatte immer gesagt: „Wissen ist Macht", und so hörte sie immer ganz begierig zu, wenn Speedy und Spider etwas aus dem Internet zu berichten hatten. Neulich erst erzählte Speedy über einen Bericht, den er bei Wikipedia über ihre Spezies gelesen hatte.

Spezies ist übrigens unter anderem ein Synonym für die Art eines Lebewesens oder seine Gestalt, eigentlich wird das „species" geschrieben, das kommt aus dem Lateinischen. Der Begriff Synonym bedeutet die Ähnlichkeit oder Gleichheit zweier Wörter. Warum Menschen sich so kompliziert ausdrückten, konnte Thekla auch nicht sagen, aber sie taten es und nannten es Bildung. Wo diese „Bildung" war, wenn sie die Spinnen zerdrückten, zertraten oder einfach mit dem Staubsauger einsaugten, konnte sie ebenfalls nicht sagen. Da fehlten ihr die Worte für.

Mit diesen Gedanken in ihrem Kopf machte Thekla sich ganz ganz klein, verschloss zur Sicherheit noch mal die Fußspitze des Schlittschuhs und dachte darüber nach, dass der liebe Gott sich schon was dabei gedacht hatte, als er die Spinne erschuf.

Die meisten Menschen wussten womöglich gar nicht, wie wichtig Spinnen waren, und dass es ohne Spinnen eine riesige Insektenplage geben würde.

„Menschen wollen immer Fakten", hatte Speedy ihr erzählt. Fakt war auch, dass alle Spinnen weltweit 800 Millionen Tonnen Schädlinge/Insekten jährlich verspeisten. Zum Vergleich ... die Menschen essen laut Welternährungsorganisation 400 Millionen Tonnen Fleisch und Fisch jährlich, unvorstellbare Massen also, nur dass die Menschen keine Schädlinge vertilgen, sondern harmlose Tiere, die ihnen niemals Schaden würden.

Ob die Menschen sich vorstellen könnten was passieren würde, wenn es keine Spinnen mehr geben würde?

Thekla überlegte, ob es wohl irgendwie möglich sein würde, den Menschen so etwas mitzuteilen oder irgendwie bewusst zu machen.

Aber wofür gab es das Internet oder DVD und Filme? Wenn schon Eltern ihren Kindern beibringen würden, dass Spinnen einfach wundervoll sind, dann würden diese Kinder Erwachsene werden, die keine Angst oder Ekel vor Spinnen hätten.

Was wäre es schön, wenn alle Menschen und Spinnen in einer Symbiose leben könnten?

Wieder so ein Wort: SYMBIOSE ... es bedeutet das Zusammenleben verschiedener Arten zu gegenseitigem Nutzen. Wenn so eine Symbiose zwischen Spinnen und Menschen funktionieren würde, dann ...

Thekla wurde massiv aus ihren Gedankengängen gerissen, Frau Bergers Staubsauger machte einen Höllenlärm und ließ sie erzittern. Sie faltete ihre acht Beinchen, so gut es eben ging, schloss ihre acht Augen und fing an zu beten.

„Lieber Gott, ich bin so klein, lass mich bitte weiter am Leben sein."

Als hätte der Liebe Gott Theklas Gebet erhört, entfernte sich Frau Berger nebst Sauger, löschte das Licht und schloss die Tür zwischen Küche und Garage.

Das war ja wirklich noch mal gut gegangen. Erleichtert lockerte Thekla ihre Beine, öffnete das Schutznetz, und krabbelte durch den Schlittschuhschaft nach oben. Es sah alles so aus wie immer, nur der Schlitten stand an einem anderen Platz und es gab weniger Staub.

Für dieses Jahr war die Gefahr des Frühjahrputzes also vorbei. Nur bevor der Winter kam, würde sie sich eine bessere Bleibe suchen müssen, denn dann kam der Sohn der Bergers, um seine Schlittschuhe zu holen, um damit auf dem zugefrorenen See zu laufen, aber irgendwas war ja schließlich immer. Als Spinne einen festen Wohnsitz zu finden, war so gut wie unmöglich.

Thekla beschloss, sich demnächst unbedingt mit Speedy und Spider zu treffen, um zu beraten, was zu tun sei, um ihrer aller Überleben zu sichern.

Man musste die Menschen einfach irgendwie dazu bringen, zu erkennen, dass Spinnen nicht einfach nur „Pfui Spinne“ waren, sondern täglich einen wertvollen Beitrag für die Menschheit leisteten.

Mit diesem Vorsatze krabbelte Thekla zurück in ihren nun „vorerst“ sicheren neuen Wohnsitz und legte sich erst einmal schlafen, denn Angst macht müde, wie ihr wisst, und Thekla hatte heute sehr viel Angst ausgestanden.

Vielleicht denkt der eine oder andere ja mal darüber nach, bevor er „Pfui Spinne“ schreit, und toleriert diese wunderbare Spezies. Was dieses Wort bedeutet, wisst ihr ja jetzt und wenn ihr heute oder morgen oder übermorgen irgendwo eine Spinne seht, dann versucht, an Thekla und ihre Verwandtschaft zu denken, und daran, was eine Symbiose ist, denn das wisst ihr ja jetzt auch.

Wal-traud & Wal-demar

Unten im Meer, wo es am tiefsten und dunkelsten ist, lebte Wal-traud, die Blauwalin. Sie lebte also im westlichen Pazifischen Ozean oberhalb des Mariannengrabens, von den Menschen auch als Mariannenrinne, Tiefseerinne oder auch Tiefseegraben bezeichnet.

Du musst wissen, die Tiefseerinne ist 11.000 Meter tief und der Graben selbst 2500 Kilometer lang. Das ist ungefähr so weit wie von Zürich bis zum Nordpol, also sehr, sehr lang.

Aber wir wollen uns hier jetzt nicht mit Kleinigkeiten aufhalten, denn Wal-traud, die Walin, hatte ein großes Problem … sie war verliebt.

Ihr großes Herz, das immerhin 125 kg wog, schlug für Wal-demar. An sich wäre das gar kein Problem gewesen, wenn … ja, wenn „Wal-demar" (der Name täuscht hier etwas) ein Wal gewesen wäre.

Also, er gehörte schon zu der Ordnung „Wale" und zur Unterordnung „Zahnwale" aber Wal-demar war dennoch ein Delfin, ein Weißstreifendelfin.

Jetzt fragt ihr euch sicher, wo das in der heutigen Zeit der Integration ein Problem sein sollte, dass aus zwei Säugetieren ein Paar werden kann, aber gerade das war ja Wal-trauds Problem, denn …

Wal-traud war 33 Meter lang und wog 199 Tonnen (na gut, 200 Tonnen), aber auf diese eine Tonne wollen wir es mal nicht ankommen lassen.

Im Vergleich war Wal-traud also so groß wie ein Airbus A 320 und wog so viel wie ein Jumbojet, oder wie 50 ausgewachsene Elefanten.

Wal-demar hingegen war 2,50 m groß und wog 170 kg. Du merkst selbst, das ist mehr als nur ein gewaltiger Unterschied, doch wo die Liebe hinfällt …

Einige andere Meeresbewohner redeten schon über das ungleiche Paar und Wal-traud litt unendlich darunter. Da sie ein paar Mal am Tag auftauchen musste, um ihre Lungen mit Sauerstoff zu füllen, nutzte sie diese Zeit zum Weinen, denn ihr großes Herz war wirklich randvoll vor Kummer.

Wann immer es möglich war, traf sie sich mit Wal-demar. Sie spielten, redeten und Wal-demar genoss es, auf dem Rücken seiner großen Freundin durch die Tiefen des Meeres zu gleiten. Selbst die Haie machten einen riesigen Bogen um die beiden, denn es war bekannt, dass Wal-traud, trotz ihrer ihr angeborenen Liebenswürdigkeit, sehr wehrhaft war und dass niemand eine ernsthafte Chance hatte, der sich mit ihr anlegte.

Wal-demar hätte Wal-traud auf Flossen getragen, wenn das möglich gewesen wäre. Da es das aber nicht war, trug Wal-traud ihren Wal-demar auf ihrem riesigen Rücken. Die beiden verstanden sich so gut, dass Wal-demar das Gerede der anderen Meeresbewohner nichts ausmachte.

Doch die beiden Liebenden hatten einen großen Feind: Peter Pottwal. Peter wohnte 3000 Meter unter ihnen und war der Oberste Richter am Pazifikgericht, er stand für Recht und Ordnung im Ozean und hatte eine Armee von Haien, die seine Befehle ausführten.

Peter Pottwal sah und hörte alles und vor allem kam er selbst überall hin, denn er konnte weit mehr als 3000 Meter tief tauchen. Er und seine Familie waren in dieser Tiefe die alleinigen Herrscher.

Schon seit Hallimasch und Mollymauk (so nennen sich die Flossen bei den Walen), wir Menschen würden dazu sagen, „schon seit Kindheitsbeinen an“, schwärmte Peter Pottwal von Wal-traud. Sie war seine ganz große Liebe und er hatte schon vor Jahren alles getan, um Wal-traud für sich zu gewinnen, doch was machte diese dusselige Seekuh? Sie nahm sich den Winzling von Wal-demar zum Freund und er hatte erst letztens, bei einem gemütlichen Beisammensein im Seetang, gehört, die beiden seien schon verlobt und sogar von einer Hochzeit sei die Rede. Absolut lächerlich! Dafür sollte man beide harpunieren und filetieren. So was gehörte sich nicht, jeder sollte schließlich bei seiner Art bleiben, wo käme man denn hin, wenn sich jeder eine andere Art Partner aussuchen würde?

Demnächst kämen noch Heringe und Makrelen auf die Idee, zu heiraten, oder, Gott bewahre, Tintenfisch und Quastenflosser … untragbar, einfach untragbar, das Ganze, befand er. Gleich morgen würde er den großen Rat einberufen und dieser Schande ein Ende bereiten.

Inzwischen tummelten sich 3000 Meter höher Wal-traud und Wal-demar fröhlich in den Wellen, die Sonne versank gerad am Horizont und warf einen wunderschönen Schimmer über das Wasser, Wal-demar schwamm mit einem riesigen Strauß Seetang, bestückt mit wunderschönen Korallen und Muscheln vor Wal-trauds Barten (beim Wal heißt der Mund so), er neigte seinen wunderschönen Kopf, sah ihr in die Augen und stimmte einen wundervollen Gesang an, ein Liebeslied, mit dem er seiner geliebten Walin jetzt einen Heiratsantrag machte.

Wal-traud war überwältigt, ihr heimlicher Traum ging in Erfüllung und ihr großes gutes Herz quoll schier über vor lauter Liebe.

Später würde es ein großes Fest geben und endlich würden sie öffentlich vor allen Meeresbewohnern für immer zusammengehören.

Aber wie es meistens so ist, wenn sich zwei so unterschiedliche Lebewesen finden, fingen die Probleme damit erst richtig an.

Am Morgen schwammen beide 250 Meter tiefer zum Seeamt für Meereshochzeiten. Von dort wurde immer alles arrangiert und meistens fand das Hochzeitsfest dann 14 Tage später statt. Leider musste Wal-traud draußen bleiben und warten, weil sie für diese Meereseinrichtung einfach zu groß war, also schwamm Wal-demar alleine zum Empfang und meldete sich an.

Eine schnippische Qualle saß am Empfang, musterte ihn und nahm seine Personalien auf. Als er die Angaben zu Wal-traud machen wollte, sagte sie laut: „STOPP! Hat Ihre zukünftige Frau ein Visum für diesen Meeresabschnitt? Hat Ihre zukünftige Frau eine Heiratserlaubnis vom obersten Pazifikgericht?“

„Waaaas?“ Wal-demar glaubte, nicht richtig gehört zu haben. Was sollte das denn? „Wieso braucht meine Frau ein Visum oder eine Heiratserlaubnis? Wir sind doch alle in einem Meer und Meeresbewohner, wozu soll das gut sein?“

Die Qualle wallte mehrmals auf. Man sah ihr ihren Ärger richtig an, denn ihr Kopf wurde feuerrot.

„Was denken Sie sich eigentlich, werter Herr? Ihre Hochzeit ist nicht normal, Sie sind ein Weißstreifendelfin, wenn ich mich nicht irre, oder? Und Ihre Zukünftige ein Blauwal?“

„Ja, und?“, fragte Wal-demar. „Wo ist da das Problem?“

„Ach, du mein Schreck!“, lachte die Qualle schrill. „Wie soll das denn gut gehen? Total verschiedene Mentalitäten und dann erst mal das Äußere.“ Die

Qualle wurde immer roter. „Schämen Sie sich denn gar nicht?“

Wal-demar bekam vor Schreck und Kummer fast kein Wort mehr heraus, er murmelte nur noch: „Seit wann gibt es dieses Gesetz und an wen muss ich mich wegen der Unterlagen wenden?“

Die kapriziöse Qualle wallte weiter auf und sagte: „Das Gesetz wurde erst gestern vom Obersten Richter des Pazifikgerichtes beschlossen. Wenden Sie sich für alles Weitere an Peter Pottwal, der wird Ihnen gerne weiterhelfen. Allerdings muss der Ehemann den Antrag stellen und da sehe ich das nächste Problem, denn das Oberste Pazifikgericht dürfte wohl kaum in Ihrem Tauchradius liegen, oder?“

Damit war Wal-demar entlassen. Niedergeschlagen schwamm er zu Wal-traud, die mit Spannung draußen gewartet hatte. Als diese hörte, was passiert war, wurde sie sehr traurig. Wieder einmal wurden sie angefeindet, nur weil sie ein so unterschiedliches Paar waren. Sie taten doch niemandem etwas, warum waren die Meeresbewohner so grausam zu ihnen?

Sie schwammen zusammen Richtung Mikronesische Inseln und sprachen zum ersten Mal seit Langem kein Wort miteinander, dann machte Wal-demar den Anfang.

„Liebe Wal-traud, ich muss dich bitten, diesen Weg alleine auf dich zu nehmen, denn in diese großen Tiefen kann ich nicht tauchen. Ich mache mir die größten Sorgen und verstehe überhaupt nicht, warum der Pottwal erst gestern dieses Gesetz erlassen hat."

„Welcher Pottwal?", fragte Wal-traud jetzt hellhörig.

„Peter Pottwal", antwortete Wal-demar niedergeschlagen, „der Oberste Richter des Pazifikgerichts."

„Aha", sagte Wal-traud. „Aha" … mehr nicht.

Am nächsten Tag putzte sich Wal-traud herrlich heraus, Wal-demar konnte gar nicht mehr die Augen von ihr lassen. „Wie wunderschön du doch bist", sagte er immer wieder. „Bitte begib dich nicht in Gefahr. Du siehst irgendwie auch sehr wütend aus, so kenne ich dich gar nicht, zur Not wandern wir in den Atlantik aus und beginnen dort ein neues Leben. Bitte mach nichts Unüberlegtes."

Wal-demar hätte Wal-traud am liebsten daran gehindert, zum Mariannengraben herab zu tauchen, aber leider war er dafür nicht stark genug.

So machte sich Wal-traud alleine auf den Weg in die Tiefe und hatte dabei nur einen Gedanken: Na warte, Peter, heute ist der Tag der Abrechnung. Es waren ihr in den letzten Jahren schon einige üble Gerüchte über Peter Pottwal und seinen Anhängern zu Ohren gekommen, aber sie hatte einfach das gemacht, was man mit Gerüchten tun sollte, sie ignorieren, solange man sich nicht selbst davon überzeugen konnte.

Nach gut 1000 Metern abtauchen sah Wal-traud schon von Weitem die riesige Meeresgrotte, in der sich das Pazifikgericht befand. Sie schwamm direkt über die verschiedenen Ein- und Ausgänge und blockierte diese mit ihrem riesigen Körper. In der Grotte selber wurde es dadurch stockdunkel, denn wie wir ja wissen, war Wal-Traud eins der größten Lebewesen, die es auf dieser Welt gab.

Peter Pottwal saß auf einer Riesenmuschel in seinem Grottenbüro und ahnte Schwierigkeiten auf sich zukommen. Mit einem ultralauten Pfiff, der über viele Seemeilen hinweg zu hören war, alarmierte er seine Hai-Armee. Dazu muss man wissen, dass so ein Wal-Pfiff enorm laut sein kann, nicht lauter als Wal-trauds ,denn die erreichte mit Leichtigkeit eine Lautstärke von 188 Dezibel, und das ist schon extrem laut. Zum Vergleich … ein Düsenjet erreicht „nur“ 140 Dezibel und du weißt sicher selbst, wie laut das ist.

Wal-Traud schaute mit einem ihrer schönen Walaugen, die so groß wie eine Grapefruit waren, durch eine Öffnung in Peters Büro und säuselte: „Na, Peterchen … wer wird denn hier gleich in Panik geraten?“

„Wa… Wa… Wal-traud, meine Gute, was kann ich für dich tun?“, stotterte Peter. „Hätte ich gewusst, dass du kommst, hätte ich doch die Mariannenhalle für dich öffnen lassen, so zwischen Grottenein- und -ausgang kann man ja gar kein vernünftiges Gespräch führen." Jovial umschmeichelte er sie.

„Nur keine Umstände", sagte Wal-traud mit weicher Stimme, „ich bin nur gekommen, um mir die benötigten Papiere für meine Hochzeit abzuholen, die dank deines neuen Gesetzes ja seit gestern nötig sind."

Peter Pottwal rief: „Liebste Wal-traud, das freut mich ja grenzenlos für dich. Wo ist denn der glückliche Bräutigam?"

„Wo wohl, du Heuchler?", sagte Wal-traud. „Das Pazifikgericht ist für ihn zu tief gelegen, also musste ich wohl selbst her tauchen. Was soll dieser Unsinn eigentlich?"

„Unsinn nennst du das?", entrüstete sich Peter Pottwal. „Ein Mann, der nicht tief genug tauchen kann, um zum Pazifikgericht zu schwimmen, sollte bei der Brautwahl in seinen Tiefen bleiben. Außerdem ist das Ganze wohl nicht gerade artgerecht, so, wie ich das sehe."

„Ach", fragte Wal-traud, „so, wie du das siehst? Gerade eben wusstest du ja offensichtlich noch gar nichts von meiner bevorstehenden Heirat und kanntest meinen Bräutigam auch angeblich gar nicht. Sonst hättest du wohl nicht gefragt. Und jetzt erzählst du mir was von nicht artgerecht?"

„Keine Wortklaubereien bitte", brüllte Peter Pottwal streng. „Er ist ein Weißstreifendelfin und ein Winzling seiner Spezies noch dazu."

„Oh, nein, ganz im Gegenteil“, sagte Wal-traud verärgert, „sein Name ist Wal-demar und er ist fast drei Meter lang, was für seine Spezies, wie du es nennst, die übrigens noch zu uns Walen zählt, durchaus beachtlich ist. Außerdem zählt in der Liebe nicht das Aussehen. Ich messe meine Partner an ihrer geistigen Größe, und das ist einer der Gründe, warum aus uns nie etwas werden konnte. Mir ist auch durchaus bekannt, dass du längere Zeit mit einer Gelbflossenthunfischin zusammen warst, bevor du dann Hanna Hammerhai geheiratet hast. Das ist dann aber schon artgerecht, oder was?“ Wal-traud geriet so langsam immer mehr in Wallung. „Soweit mir bekannt ist, sind wir Wale Säugetiere, genau wie die Delfine. Kannst du das auch von Thunfischen und Haien behaupten?“

Bums! Das hatte gesessen!

Peter Pottwal bekam einen roten Kopf und räusperte sich. „Tja, eigentlich hättest du ja recht“, sagte er, „aber das Gesetz gab es damals auch noch nicht, und da Gesetz Gesetz ist, sonst wäre es ja kein Gesetz, muss dieses Gesetz“ auch eingehalten werden. Darüber lasse ich auch nicht mit mir diskutieren, du kannst ja gerne einen schriftlichen Antrag auf eine Sondergenehmigung stellen und dann wird abgestimmt.“

„Ach?“, fragte Wal-traud „Abgestimmt? Und wer stimmt wo wann was ab?“

Jetzt kam Peter Pottwal so richtig aus sich raus, mit steil aufgerichteter Fluke (so nennt man die Schwanzflosse eines Wales), die immerhin fünf Meter breit war, richtete er sich auf.

„Es gibt eine Meeresbewohner Anhörung und danach wird entschieden."

„Ach", fragte Wal-traud, „und wer entscheidet dann?"

„ICH!", donnerte Peter Pottwal jetzt sehr aufbrausend. „Und jetzt lasse ich dich durch meine Leute nach oben begleiten", sprachs und schon war Waltraud von circa 70 Fischen umringt. Sie erkannte Barrakudas, Hammerhaie, Säge-Haie Schwerthaie, Weiße Haie, Tigerhaie, sogar sechs oder sieben Schwarzspitzen-Riffhaie waren darunter.

Es war schon etwas beängstigend, also gab Waltraud erst einmal klein bei und ließ sich auf 300 Meter Tiefe eskortieren. Das traf sich gut, denn sie musste eh dringend nach oben, um Luft zu tanken.

Die Haie tauchten wieder ab und Wal-traud dachte sich, jetzt muss ich Frust abbauen, und nahm sich vor, erst einmal kräftig in Richtung der Philippinen zu schwimmen, bevor sie sich mit Wal-demar traf, um einen Plan zu schmieden. Trotz ihres Gewichtes schwamm Wal-traud immer noch eine Geschwindigkeit von 30 km in der Stunde, und da sie noch nichts gegessen hatte, war sie sogar noch 5 km schneller. Etwas zu essen wäre toll, dachte sie sich, gleich auf dem Rückweg mal etwas einfahren, hoffentlich gibts genug Krill heute.

Du musst wissen, so ein Blauwal braucht 456.000 Kalorien pro Tag, das sind rund 1000 KG = 1 Tonne Krill, davon würden mehr als 200 Menschen pro Tag pickepackesatt werden. Sein Magen fasst aber gut zwei Tonnen. Das ist auch gut so, denn man muss die 80.000 Liter Wasser berechnen, die mit jeder Mahlzeit zusätzlich aufgenommen werden. Nur gut, dass schon bei der Kalorienaufnahme 90-mal mehr Kalorien verbraucht, als aufgenommen werden. Wenn du also mal hören solltest, dass von einem dicken Wal die Rede ist oder jemand als dicker Wal beschimpft werden sollte, weil er Übergewicht hat, dann ist das erst mal zum Ersten Total blöd und boshaft, weil jeder von uns, auch du, durch eine Krankheit für die er nichts kann, jederzeit dick werden kann, ohne viel zu essen, und zum Zweiten gibt es gar keine dicken Wale, woran man unschwer erkennt, wie dumm derjenige ist, der so was behauptet oder andere so nennt.

Aber wollen wir nicht weiter abschweifen, Waltraud zog also ihrer Wege in 300 Metern Tiefe durch den Pazifik und tauchte nur alle 15 bis 20 Minuten wieder auf, um Luft zu holen.

Sie kam dabei kaum außer Atem, denn ihr Herz, das 200 kg wog und so groß wie ein VW-Käfer war, pumpte nur 18 bis 20 mal pro Minute, bei uns Menschen schlägt das Herz hingegen 120 mal in der

Minute und bei einer kleinen Spitzmaus sogar 800 bis 1000 mal in der Minute, man stelle sich das einmal vor.

Beim Tauchen und Schwimmen konnte Wal-Traud am besten nachdenken, nach etlichen Stunden des Tauchens und des auf dem oberen Wasser Dahingleitens kam ihr die Erleuchtung!

Sie würde am Abend, wenn Peter Pottwal wie immer in der Meereskneipe „Seetang“ war, Hanna Hammerhai aufsuchen, um sich mit ihr zu verbünden. Wal-Traud kannte Hanna noch aus der Pazifik-Schule und wusste, dass Hanna schon immer eine Romantikerin gewesen war.

Zudem war Hanna mit Amadeus Tentakel befreundet, einem riesigen männlichen Tiefseekraken, der selbst mit einem männlichen Wal namens Guido verheiratet war, also konnte sie wohl kaum etwas gegen Mischehen unter Meerstieren haben.

Mit dem Entschluss, noch am heutigen Abend reinen Tisch zu machen, kehrte sie auf die Seekuhwiese zurück, auf der Wal-demar schon seit Stunden auf sie wartete.

„Geliebtes kleines Seesternchen, wo warst du nur so lange?“ Aufgeregt umkreiste Wal-demar seine Traumfrau.

„Oh, mein geliebter großer starker Held“, säuselte Wal-traud, „ich habe dich so sehr vermisst.“

Was für wunderschöne Worte zweier sich liebender Säugetiere … wobei aber zu erkennen ist, dass die Liebe manchmal Dimensionen verschiebt und sich über Äußerlichkeiten oder Arten hinwegsetzt.

Wal-traud und Wal-demar waren einfach füreinander geschaffen und wo die Liebe hinfällt, wächst bekanntlich kein Gras mehr.

Wal-traud erzählte Wal-demar von ihrem Vorhaben und dieser bot an, zur Unterstützung mitzuschwimmen.

Gesagt getan, drei Stunden später schwammen die beiden über Peter Pottwals Anwesen, das sich in einem mehrere hundert Kilometer langen mit Riesenkorallen überwucherten Seetal befand.

Beide tauchten zu den dichten Korallenriffen herunter und riefen nach Hanna Hammerhai. Schon von Weitem hörten sie das Singen Hannas, denn sie war sehr musikalisch und versuchte schon seit Jahren, den Walgesang zu erlernen.

„Hallo, ihr beiden“, rief Hanna. „Was treibt euch denn in unser bescheidenes Heim? Kommt herunter. Darf ich euch etwas Seekuhmilch und Krillgebäck anbieten?“

Dankend nahmen Wal-traud und Wal-demar die Einladung an und selbst für Wal-traud fand sich eine riesige angenehme Seegrascouch, in der es sich angenehm liegen ließ. Wal-demar platzierte sich neben sein geliebtes kleines Seesternchen, und es begann eine sehr angenehme Unterhaltung.

Nach einer Stunde, die mit lustigen Anekdoten und Erinnerungen aus der Schulzeit verbracht wurde, kamen sie dann auf den Grund ihres Besuches zu sprechen.

Hanna Hammerhai hörte aufmerksam zu, ihr Gesicht verdüsterte sich und sie rümpfte ihre Hammernase. „Das darf ja wohl nicht wahr sein, was ich da höre“, rief sie erbost, „was hat Peter sich nur dabei gedacht? Aber ich kann es mir schon denken.“ Dicke Tränen liefen an ihrer Hammernase herunter. „Peter ist eifersüchtig, einfach nur eifersüchtig auf euch, er hat Wal-traud schon immer geliebt und ich war nur ein Ersatz, aber damit ist jetzt Schluss. Vor einer Woche hat mir Frau Dr. Seepferd bestätigt, dass wir ein Baby bekommen werden. Ich bin im sechsten Monat und schon in vier Wochen ist es so weit. Peter weiß noch nichts davon, aber wenn er glaubt, dass er diese Show mit euch abziehen muss, dann wars das. Ich schwimme in den Atlantik zu meinen Eltern und er soll dann sehen, wo er bleibt.“

Hanna weinte immer noch und Wal-traud streichelte ihr ganz vorsichtig über den Rücken.

„Bitte überstürze nichts, Hanna. Vielleicht wird Peter ja einsichtig, wenn er hört, dass er Vater wird?“

„Meinst du?“, schniefte Hanna.

„Ja“, mischte Wal-demar sich ein, „selbst ein Peter Pottwal wird Verantwortung zeigen, wenn es um sein Kind geht, und ihr seid schon so lange verheiratet, dass er ganz bestimmt nicht ohne dich und sein Kind leben möchte. Gib ihm die Chance auf ein

Gespräch. Bevor man eine so weitreichende Entscheidung trifft, muss man ein klärendes Gespräch führen, denn jeder muss die Chance haben, gehört zu werden.“

„Nun gut“, meinte Hanna Hammerhai, „vielleicht interpretiere ich das ja auch alles falsch und Peter hat sich nur von der FFA (Fische für Artenschutz) aufwiegeln lassen, mit denen er sich immer abends im Seetang trifft. Noch heute Nacht werde ich ein Gespräch mit ihm führen, sobald er nach Hause kommt. Euch beiden wünsche ich das Beste und hoffe, dass wir, wenn alles gut geht, bei eurer Hochzeit dabei sein können.“

Damit verabschiedeten sich die drei und hatten jeder für sich viel nachzudenken.

Seit diesem Abend waren drei Tage vergangen und Wal-traud fragte Wal-demar am Nachmittag des vierten Tages: „Was meinst du? Werden wir wohl noch was von den Pottwals hören?“

Wal-demar legte seine Flosse an Wal-trauds Wange. „Seien wir noch etwas geduldig, kleines Seesternchen. Wenn wir bis Ende der Woche nichts hören sollten, tauchen wir noch mal bei Hanna vorbei und fragen nach. Hoffentlich ist nichts Unangenehmes passiert.“

„Ach meinte Wal-traud, was sollte es denn noch Unangenehmeres geben als unsere jetzige Situation? Mein lieber lieber Wal-demar, ich muss dir sagen, auch wir erwarten ein Baby und wenn wir vorher nicht heiraten können, wird unser Kind es hier im konservativen Westpazifik sehr schwer haben, und auch wir werden dann ausgegrenzt sein.“ Weinend legte sie sich auf die Seite.

„Waaaaas?“, rief Wal-demar überschäumend vor Glück. „Ich werde Vater? Und das sagst du mir erst jetzt?“ Er tanzte um Wal-traud herum und verbreitete so viele Strudel im Wasser, dass man nichts mehr sehen konnte.

Auch nicht Peter Pottwal, der zutiefst beschämt über sie schwamm und die Szene beobachtete.

Als sich Wal-demar etwas gefangen hatte und auch das Wasser wieder klarer wurde, sahen beide, dass Peter Pottwal über ihnen kreiste. Langsam tauchte er zu ihnen herab. Betretenes schweigen legte sich über alle, dann räusperte sich Peter Pottwal und zog eine mit Muscheln besetzte Riesenauster unter seiner Fluke hervor. „Entschuldigt bitte mein spätes Kommen“, sprach er leise und mit zitternder Stimme. „Hier sind die Unterlagen, die ihr für eure Hochzeit braucht, ich freue mich sehr, sie euch persönlich überbringen zu dürfen. Hanna und ich bitten darum, euch die Hochzeit ausrichten zu dürfen, als kleine Wiedergutmachung für mein fehlerhaftes Verhalten. Erst als Hanna davonschwamm, wurde mir bewusst, wie sehr ich sie doch liebe. Wir hatten daraufhin ein gutes Gespräch und am Ende dieses Gesprächs erfuhr ich dann, dass ich sogar Vater werde. Ich bin ja so was von glücklich und jetzt habe ich beim Nähertauchen gehört, worüber ihr gesprochen habt, und dann fing Wal-traud auch noch an zu weinen. Ich wäre schon 30 Minuten eher hier gewesen, wenn du, Wal-demar, mit deinem Tanz das Wasser nicht so aufgewirbelt hättest." Jetzt lachte Peter Pottwal übers ganze Walgesicht und klopfte Wal-demar auf den Rücken. „Dann mal alles Gute, min Jung", hamburgte er (das war nämlich grad total in in Walkreisen).

Wal-traud schwamm auf Peter zu und umarmte ihn, so gut das bei der Größe möglich war, und Peter rief lachend: „Hätte ich gewusst, dass ich dafür so umarmt werde, hätte ich dir diese dummen Unterlagen gleich gegeben. Ach, noch eins, das Gesetz der Fremdfisch- und Fremdwal-Heirat wird in den nächsten Wochen für nichtig erklärt, aber ihr solltet nicht so lange warten. Deswegen plant eure Hochzeit, von mir aus kann es gleich am Wochenende losgehen." Damit verabschiedete sich Peter Pottwal und schwamm davon.

Wal-traud und Waldemar konnten ihr Glück kaum fassen, glücklich tanzten sie durchs Wasser und wirbelten es dabei so stark auf, dass an der Oberfläche des Wassers mehrere kleine Schiffe in Seenot gerieten, denn es sammelten sich immer mehr Meerestiere um sie herum, die sich mit ihnen freuten und tanzten, Wale, Haie, Quastenflosser, heimliche Liebespaare wie Agate Krebs und ihr Tim Tintenfisch, die Seegurke Klara Länglich mit dem Pelagischen Stachelrochen Robert und, und, und ... alle, die sich seit dem neuen Gesetz versteckt hatten, waren wieder glücklich vereint.

14 Tage später heirateten Wal-traud und Wal-demar in einer wunderschönen Zeremonie mitten im Mariannengraben östlich der Philippinen, und die beiden waren nicht die Einzigen. Viele Paare, die vorher nicht heiraten durften oder schief angeglotzt wurden, heirateten am gleichen Tag mit ihnen. Es gab mehr als 280.000 Gäste und Zuschauer, aber bei 2400 Kilometern Länge, wovon die tiefste Stelle 11.000 Meter beträgt, war im Graben ja genug Platz.

Der Meeresboden bebte unter den feiernden und tanzenden Meeresbewohnern und auch Hanna Hammerhai nebst Gatte Peter Pottwal war unter den feiernden Meeressäugern und Fischen.

Es wurde ein Fest, über das man auch noch in vielen Jahren sprechen würde, denn seitdem war Frieden auf dem Meeresgrund. Wäre nicht der Mensch gewesen, der über diese Idylle immer wieder den Tod brächte, hätte man den Pazifik als wahres Paradies bezeichnen können.

Wal-traud und Wal-demar bekamen einen entzückenden Sohn, sie nannten ihn Wal-Fried, weil er sozusagen den Frieden gebracht hatte, er war ein gesundes Blauwalbaby, das schon bei seiner Geburt sieben Meter groß war und 2500 kg wog. Er war also vier Meter größer als sein Vater, der auch vom Gewicht her nur 170 kg auf die Waage brachte, (wenn es diese dann auf dem Boden des Pazifiks gegeben hätte). Man konnte Wal-Fried quasi beim Wachsen zusehen, denn ein Blauwalbaby nimmt 90 kg am Tag zu, was bei 190 Litern nahrhafte Walmuttermilch täglich auch kein Wunder ist, oder?

Aber auch bei Hanna Hammerhai und Peter Pottwal lief es prächtig, Hanna hatte ihr kleines Walmädchen, das sie Wanda nannten, zuerst bekommen. Wanda-Walfisch war bildschön, sie war schneeweiß und hatte eine ganz entzückende kleine zierliche Hammernase.

Peter Pottwal und Wal-demar tauchten oft mit ihrem Nachwuchs zu den schönen grünen Seekuhwiesen herab, wo es den großen Pazifik Kindergarten gab, in dem Frau Krebs-Tintenfisch die Leiterin war, sie redeten gern über die Zukunft ihrer Sprösslinge und waren sich so sicher wie Väter es nur sein können, dass ihre Kinder später mal etwas sehr Großes und Besonderes werden würden.

Und über noch etwas waren die beiden sich einig, jeder von ihnen würde sich freuen, sollten ihre Kinder später einmal heiraten.

Aber das ist ja noch etwas hin, also wollen wir die Geschichte erst einmal beenden und abwarten, wie sich in den nächsten Jahren alles entwickelt.

Was wir allerdings jetzt schon daraus lernen können, ist, dass man keine Vorurteile haben darf und manchmal über seinen eigenen Schatten springen muss, um glücklich zu werden.

Liebe kleine und große Leser,

ich hoffe, ihr habt viel Spaß mit meinen Geschichten gehabt. Ich würde mich unglaublich freuen, wenn ihr mir ein paar eurer eigenen Ideen zusenden würdet und ich daraus für euch weitere Geschichten schreiben darf.
Die besten Ideen greife ich auf und ihr werdet darin selbst eine Rolle spielen.
Was meint ihr dazu? Würde euch das gefallen?
In meinem zweiten Buch wird es ums Meer und seine Bewohner gehen. Habt ihr Lust?
Die Geschichte von Wal-Traud und Wal-demar findet dort dann auch eine Fortsetzung.
Versprochen!

Ganz lieber Gruß
Eure Eva

An dieser Stelle mein besonderer Dank
an meinen guten Freund Hervé und an meinen Enkel Rian, für Kritik, Feedback und Hilfe, damit dieses Buch entstehen konnte.

„Alle Geschöpfe dieser Erde fühlen wie wir, alle Geschöpfe streben nach Glück wie wir. Alle Geschöpfe der Erde lieben, leiden und sterben wie wir, also sind sie uns gleich gestellte Werke des allmächtigen Schöpfers – unsere Brüder“

Franz von Assisi (1182 -1226), eigentlich Giovanni Bernadone, katholischer Heiliger, Stifter des Franziskanerordens